Hartmut Görgens

Irrtum und Wahrheit über die Reallohnentwicklung seit 1990

Der Autor

Hartmut Görgens, geb. 1939 in Düsseldorf und seitdem dort lebend, studierte von 1959 bis 1963 Volkswirtschaftslehre an der Universität Köln. Danach war er wissenschaftlicher Referent für öffentliche Finanzwirtschaft im Rheinisch-Westfälischen Institut für Wirtschaftsforschung, Essen, und promovierte an der Universität Köln. 1968 sprang er als Fachassistent der SPD-Bundestagsfraktion für die damalige Finanzreform ein. Seit Ende der Legislaturperiode 1969 bis 1998 war er Leiter der Sachgebiete Konjunktur- und Beschäftigungspolitik, Außenwirtschaftspolitik, Einkommensentwicklung beim DGB-Bundesvorstand.

Veröffentlichungen im Metropolis-Verlag: Sind die Löhne in Deutschland zu hoch? Zahlen, Fakten, Argumente, 2007, 2., überarbeitete Auflage 2008; Zur Ausschöpfung des Verteilungsspielraums. Lohnformel und Verteilungsneutralität, 2014, 2. Auflage 2017 (diese nur als Ebook).

Hartmut Görgens

Irrtum und Wahrheit über die Reallohnentwicklung seit 1990

Gegen den Mythos einer
jahrzehntelangen Reallohnstagnation

Metropolis-Verlag
Marburg 2018

Bibliografische Information Der Deutschen Nationalbibliothek
Die Deutsche Nationalbibliothek verzeichnet diese Publikation in der Deutschen Nationalbibliografie; detaillierte bibliografische Daten sind im Internet über <http://dnb.ddb.de> abrufbar.

Metropolis-Verlag für Ökonomie, Gesellschaft und Politik GmbH
http://www.metropolis-verlag.de
Copyright: Metropolis-Verlag, Marburg 2018
Alle Rechte vorbehalten
ISBN 978-3-7316-1309-1

Inhalt

I. Einleitung 11
II. Fratzscher: Reallöhne heute kleiner als 1990 13
III. Die tatsächliche Entwicklung der Realverdienste 31
IV. Zwei Studien:
Stundenlöhne seit 1995 real kaum angestiegen,
die unteren sogar deutlich gesunken 37
    1. DIW-Studie 37
    1.1. Stundenlöhne insgesamt 37
    1.2. Entwicklung der Stundenlöhne nach Lohnhöhe ... 44
    2. Studie des Instituts für Arbeit und Qualifikation 50
V. Die tatsächliche Entwicklung der realen
Stundenlöhne 53
VI. Sahra Wagenknecht: 20 Jahre ohne geringsten
Wohlstandseffekt für die Beschäftigten – in den
Hungerlohnsektoren Löhne wie in den ersten
Trümmerjahren 55
    1. 20 Jahre ohne den geringsten
Wohlstandseffekt für die Arbeitnehmer? 56

	1.1	Bruttoverdienste sagen mehr aus als Nettoverdienste 56
	1.2	Nach Teilzeitbereinigung starker Zuwachs der Reallöhne 61
	2.	Heute in allen Sektoren weit bessere Löhne als in den Trümmerjahren 62
VII.	Fazit 69	
VIII.	Ausblick: Zur Ausschöpfung des Verteilungsspielraums 71	
IX.	Kurzfassung 81	

Anhang

A.	Kurzdarstellung der Teilzeitbereinigung 87
B.	Berechnung des funktionalen Verteilungsspielraums 91
C.	Richtig bereinigte Lohnquote zeigt Ausschöpfung 97
D.	Tabellen 1-4 zu Kapitel VI.2 „Hungerlöhne" 101

Literatur 105

Verzeichnis der Tabellen und Schaubilder

Abbildung 5 (bei Fratzscher):
Entwicklung der Reallöhne und Wirtschaftsleistung
1992-2014 15

Tabelle 1
Reallohnindex 1990 bis 2016 16

Schaubild 1
Reallohnindex 1990 bis 2016 17

Tabelle 2
Teilzeitquoten 1990 bis 2016 19

Schaubild 2
Teilzeitquoten 1990 bis 2016 20

Tabelle 3
Modellrechnung zum Teilzeiteffekt 26

Tabelle 4
Entwicklung der realen Verdienste 1990 bis 2016 33

Schaubild 4
Entwicklung der realen Verdienste 1990 bis 2016 34

Tabelle DIW
Entwicklung der realen Stundenlöhne nach Lohnhöhe 38

Tabelle 5
Entwicklung der realen Stundenlöhne 1990 bis 2016 39

Schaubild 5
Entwicklung der realen Stundenlöhne 1990 bis 2016 40

Tabelle 6
Zuwachs der realen Verdienste 1986 bis 2006 60

Schaubild 6
Zuwachs der realen Verdienste 1986 bis 2006 60

Tabelle 7
Zuwachs der teilzeitbereinigten Verdienste
1986 bis 2006 61

Schaubild 7
Zuwachs der teilzeitbereinigten Verdienste
1986 bis 2006 62

Tabelle 8
Löhne in 1950 64

Tabelle 9
Tarifliche Stundenlöhne in 1949 66

Tabelle 10
Ausschöpfung des Verteilungsspielraums 1991 bis 2016 73

Schaubild 10
Ausschöpfung des Verteilungsspielraums 1991 bis 2016 74

Tabelle 11
Ausschöpfung nach Lohnformel 1991 bis 2016 76

Tabelle B.1
Ergebnis bei Vollausschöpfung durch Lohnformel 96

Tabelle C.1
Richtig bereinigte Lohnquote 1991 bis 2016 99

Schaubild C.1
Richtig bereinigte Lohnquote 1991 bis 2016 100

Tabelle D.1
Tariflöhne in 1949 101

Tabelle D.2
Landarbeiterlöhne 1951 102

Tabelle D.3
Monatsgehälter von Beamten 1951 102

Tabelle D.4
Ausgewählte Einzelpreise 1949 103

I. Einleitung

Vielfach wurde und wird in wissenschaftlichen Publikationen, in Veröffentlichungen der Bundesregierung und in den Medien (z.B. zahllose Zeitungsartikel, Talkshows) berichtet, die Realverdienste der Beschäftigten und ihre realen Stundenlöhne hätten im Zeitraum 1991 bzw. 1995 bis 2015 nicht zugenommen. Die unteren 40 % der realen Stundenlöhne seien sogar deutlich gesunken, während die oberen angestiegen seien. Derartige Aussagen haben den Mythos einer jahrzehntelangen Reallohnstagnation heraufbeschworen. Sie blieben bisher unwidersprochen, obwohl seit September 2013 eine wissenschaftliche Studie[1] vorliegt, mit deren Hilfe eine Richtigstellung möglich gewesen wäre.

Diese Aussagen resultieren aus statistisch-methodisch falschen zeitlichen Aneinanderreihungen von Lohndaten (Bruttolöhne je Beschäftigten) aus den Volkswirtschaftlichen Gesamtrechnungen des Statistischen Bundesamtes und dessen sog. (Brutto-)Reallohnindex für die Jahre 1991 bis 2007 sowie aus

---

[1] Hartmut Görgens, Lohnentwicklung wegen angestiegener Teilzeitquote erheblich besser, als Durchschnittswerte der Volkswirtschaftlichen Gesamtrechnung aussagen, Institut für Makroökonomie und Konjunkturforschung, Study Nr. 33, September 2013 (https://www.econstor.eu/handle/10419/106248).

einer falschen Interpretation ihrer eigenen Berechnungen durch die Autoren einer DIW-Studie[2].

Ökonomisches Gespür hätte die Urheber dieses Mythos allerdings stutzig machen und ahnen lassen müssen, dass ihre Feststellungen wohl nicht stimmen können. Denn schon ein kurzer Blick auf die Stundenlohnreihe der Volkswirtschaftlichen Gesamtrechnungen oder auf den Tariflohnindex der Bundesbank hätten Zweifel aufkommen lassen müssen, genährt noch von der Diskrepanz, die z.B. für den Zeitraum von 1991 bis 2015 in Bezug auf das reale Wirtschaftswachstum (37%) und die Produktivitätszunahme je Erwerbstätigen (24%) bzw. je Erwerbstätigenstunde (40%) festzustellen gewesen wäre. Für wie schwach muss man eigentlich die Gewerkschaften halten, dass es ihnen nicht gelungen sein sollte, die Arbeitnehmer an einem solchen Wirtschaftswachstum teilhaben zu lassen?

Nachfolgend werden einige exemplarische Irrtümer untersucht und statistisch-methodisch ausgeräumt. Dabei wird gleichzeitig die wahre Entwicklung der Reallöhne aufgezeigt.

---

[2] Karl Brenke und Alexander S. Kritikos, Niedrige Stundenverdienste hinken bei der Lohnentwicklung nicht mehr hinterher, DIW-Wochenbericht Nr. 21, 2017.

II. Fratzscher: Reallöhne heute kleiner als 1990

Marcel Fratzscher, der Präsident des renommierten Deutschen Instituts für Wirtschaftsforschung (DIW), schreibt in seinem Buch „Verteilungskampf", erschienen im Jahr 2016:

> „Im Durchschnitt sind die deutschen Reallöhne heute kleiner als 1990."[3]

Fratzscher bezieht sich dabei, wie aus der Abb. 5, S. 52 seines Buches ersichtlich ist, auf die Entwicklung des Reallohnindex des Statistischen Bundesamtes. Dieser „Reallohnindex" des Statistischen Bundesamtes ist für die Jahre vor 2007 aber kein richtiger Index und führt zudem durch seine Namensgebung zu Missverständnissen, denn er gibt nicht den zeitlichen Verlauf der realen Stundenlöhne wieder, was landläufig wohl so verstanden wird, sondern den der realen Verdienste (Lohn- und Gehaltssumme je Beschäftigten). Diese sind jedoch das Produkt aus Stundenlohn mal bezahlter Arbeitszeit. Fratzschers Aussage zu den „Reallöhnen" kann sich somit nur auf die Realverdienste beziehen. Für unsere weiteren Überlegungen spielt dies jedoch zunächst keine Rolle. Erst bei der späteren Analyse kommen wir dann zu den realen Stundenlöhnen.

---

[3] Marcel Fratzscher, Verteilungskampf, München 2016, S. 53.

Viele Leute werden aus den weit verbreiteten Aussagen über eine jahrzehntelange Reallohnstagnation den Schluss ziehen, dass die vielen Lohnerhöhungen der letzten 25 Jahre von den Preiserhöhungen mehr als aufgezehrt worden sind. Sie brauchen jedoch nicht geschockt zu sein, denn Fratzschers Bombe zündet wegen eines schweren statistisch-methodischen Konstruktionsfehlers nicht. Seine Feststellung ist falsch.

Nehmen wir das richtige Ergebnis vorweg: Die durchschnittlichen Realverdienste der Arbeitnehmer haben von 1990 bis 2015 im Durchschnitt um angenähert[4] 23 % zugenommen. Sie sind also keineswegs kleiner als 1990. Der Zuwachs von 23 % in 25 Jahren ist immerhin eine durchschnittliche jährliche Verbesserung (geometrisches Mittel) von 0,9 %.

Wie ist nun aber dieser fast unglaublich große Unterschied zu erklären?

Fratzschers Feststellung stützt sich auf seine Abb. 5, in der allerdings nur die Entwicklung des Reallohnindex vom Basisjahr 1992 bis zum Jahr 2014 abgebildet ist. Darin ist der Index bis 2007 abwärts gerichtet, danach schraubt er sich wieder hoch und erklimmt tatsächlich erst 2014 wieder sein Ausgangsniveau von 1992.

Das scheint Fratzscher zu bestätigen. Fratzschers Aussage bezieht sich jedoch auf den Zeitraum „heute kleiner als 1990"[5]. Wieso beginnt deshalb seine Abb. 5 nicht mit seinem Basisjahr 1990 und warum endet sie nicht mit 2015? Es fehlen die realen Zuwachsraten für die Jahre 1991, 1992 und 2015.

---

[4] Siehe dazu die Ausführungen zu möglichen kleineren Schätzfehlern im Anhang. Im Übrigen haben alle in Bezug auf Fratzscher aufgeführten Zahlen den Stand Hauptbericht der VGR Februar 2016, um dem Zahlenstand Fratzschers zeitlich nahe zu sein.

[5] Gemeint sein kann nur das Jahr 2015, denn das Buch ist 2016 erschienen.

Abbildung 5 (bei Fratzscher): Entwicklung der Reallöhne und Wirtschaftsleistung pro Kopf 1992-2014

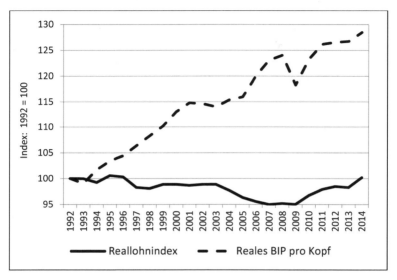

Erläuterung: Die Abbildung zeigt den Reallohnindex und die Veränderung des Bruttoinlandsprodukts pro Kopf, normiert auf das Jahr 1992.
Quelle: M. Fratzscher, Verteilungskampf ..., S. 52.

Von 1990 auf 1991 liegt statistisch nur die Zunahme für Westdeutschland (2,2%) vor. Diese kann jedoch, wie bei Veränderungsraten statistisch üblich, mit der Zeitreihe ab 1991 für Gesamtdeutschland verkettet werden. Von 1991 auf 1992 schnellte für Deutschland der Indexwert sogar um kräftige 4,9% hoch. Auch das gute Reallohnjahr 2015 (+2,4%) fehlt in der Abb. 5 – jedoch nicht in der Aussage Fratzschers. Zum Zeitpunkt der Drucklegung des Buches lagen das Dreiviertel-Jahresergebnis des Statistischen Bundesamts und darauf basierend die Prognose der Wirtschaftsforschungsinstitute, zu denen auch das DIW gehörte, für das Gesamtjahr 2015 vor.

Tabelle 1: Sogenannter Reallohnindex[1]

Jahr	2010 = 100	Veränderung in v.H.	umbasiert auf 1990 = 100
1990	96,5		100,0
[2]1991	98,6	2,2	102,2
1992	103,4	4,9	107,2
1993	103,2	−0,1	107,0
1994	102,5	−0,7	106,3
1995	103,7	1,2	107,5
1996	103,6	−0,2	107,4
1997	101,6	−1,9	105,3
1998	101,4	−0,1	105,2
1999	102,1	0,7	105,9
2000	102,1	0,0	105,9
2001	102,1	0,0	105,8
2002	102,1	0,1	105,9
2003	102,1	0,0	105,9
2004	101,1	−1,0	104,8
2005	99,8	−1,3	103,5
2006	99,0	−0,7	102,7
2007	98,2	−0,8	101,8
2008	98,7	0,5	102,3
2009	98,5	−0,2	102,1
2010	100,0	1,5	103,7
2011	101,2	1,2	104,9
2012	101,7	0,5	105,5
2013	101,6	−0,1	105,3
2014	103,4	1,7	107,2
2015	105,9	2,4	109,8
2016	107,8	1,8	111,8
Veränderung 2014/1992			0,0 v.H.
Veränderung 2015/1990			9,8 v.H.

[1] Der richtige Reallohnindex beginnt erst mit dem Basisjahr 2007; zuvor werden nur Messzahlen für die Veränderungen der Lohnsumme pro Kopf aller Beschäftigten gegeben, siehe Erläuterungen im Text.
[2] Von 1990 auf 1991 Westdeutschland.

Quelle: Nach Angaben des Statistischen Bundesamtes, Verdienste und Arbeitskosten, Reallohnindex und Nominallohnindex, 4. Vierteljahr 2015.

Schaubild zur Tabelle 1: „Reallohnindex"[1] Deutschland[2]

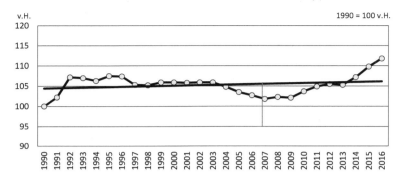

[1] Erst ab 2007 richtiger Index, davor ungewichtete Messzahlen
[2] 1991/1990 nur Westdeutschland
Quelle: Statistisches Bundesamt, Verdienste und Arbeitskosten, Reallohnindex und Nominallohnindex, 4. Vierteljahr 2015.

Nach Tabelle 1 und dem zugehörigen Schaubild ist im Zeitraum 1990 bis 2015 der sogenannte Reallohnindex um 9,8 % geklettert und hat nicht wie von 1992 bis 2014 stagniert. Denn gerade die Jahre 1991, 1992 und 2015 waren drei gute Lohnjahre. Wer diese Jahre trotz der Aussage „heute kleiner als 1990" in der zitierten Abb. 5 nicht berücksichtigt, stellt ein erheblich schlechteres Lohnzeugnis aus. Hier sieht man, wie wichtig die Wahl des Basis- und des Endjahres – also des gewählten Zeitraumes – bei Zeitreihen ist, insbesondere bei Einkommensreihen. Auch ein mögliches Argument, man solle nicht mit Hochkonjunkturjahren wie 1990 bis 1992 (Wiedervereinigungsboom) beginnen, verfängt nicht. Denn die Zeitreihe ab 1992 enthält dann keine Hochkonjunkturjahre mehr, sondern nur noch die zwei Rezessionen, nämlich 1993 und die Finanzkrisenjahre 2008/2009. Abgesehen davon hat Fratzscher den Zeitraum selbst gewählt, um zu seiner „Vierteljahrhundert"-Aussage zu kommen.

Aber das alles ist eigentlich nur ein Nebenschauplatz. Der Hauptfehler liegt an ganz anderer Stelle verborgen:

Der sogenannte Reallohnindex ist nämlich erst mit dem Basisjahr 2007 ein echter Index. In den Jahren vor 2007 war er es nicht, da es sich bei den Daten für die Jahre vor 2007 nur um Messzahlen für die Entwicklung der Lohnsumme (Verdienste) pro Kopf[6] aller Beschäftigten handelt – und zwar unabhängig davon, ob diese vollzeit- oder teilzeitbeschäftigt waren.

In den Jahren von 1990 bis 2007 hat sich die Teilzeitquote, das ist der Anteil der Teilzeitbeschäftigten[7] an der Gesamtzahl der Beschäftigten, von 15,7 % auf 35,1 % beträchtlich ausgedehnt (Tabelle 2 und Schaubild dazu). Das wachsende Heer der Teilzeitbeschäftigten hat den Durchschnitt der Verdienste nach unten gedrückt.

Denn der Verdienst der Teilzeitbeschäftigten macht wegen ihrer kürzeren Arbeitszeit und der oft niedrigeren Stundenlöhne nur ein Drittel der Verdienste der Vollzeitbeschäftigten aus, mit enormen Konsequenzen für die Entwicklung des Durchschnittslohns pro Kopf aller Beschäftigten. Selbst wenn die Löhne aller Arbeitnehmer unverändert blieben und nur die Teilzeitquote zunähme, würde der Durchschnittslohn schrumpfen.

---

[6] Diese durchschnittliche Lohnsumme (Verdienste) pro Kopf wird im nachfolgenden Text stets als Durchschnittslohn bezeichnet, im Gegensatz zum durchschnittlichen Stundenlohn.

[7] Im nachfolgenden Text sind mit Teilzeitbeschäftigten auch die Beschäftigten mit geringfügiger Arbeitszeit gemeint.

Tabelle 2: Anteil der Teilzeitbeschäftigten an allen Beschäftigten (Teilzeitquote in v.H.) Deutschland

	in v.H	Veränd. in v.H.
¹1990	15,8	
1991	17,9	
1992	19,3	7,8
1993	20,6	6,4
1994	21,6	5,0
1995	22,9	5,8
1996	24,2	5,9
1997	25,8	6,8
1998	27,3	5,5
1999	28,3	3,9
2000	29,5	4,3
2001	30,0	1,5
2002	30,7	2,3
2003	31,7	3,3
2004	33,3	5,0
2005	34,3	3,0
2006	34,9	1,7
2007	35,1	0,6
2008	36,0	2,6
2009	37,1	3,1
2010	37,5	1,1
2011	38,1	1,6
2012	38,1	0,0
2013	38,5	1,0
2014	38,6	0,3
2015	38,8	0,5
2016	39,0	0,5

[1] Westdeutschland
Quelle: Nach Angaben des Institutes für Arbeitsmarkt- und Berufsforschung (IAB).

Schaubild zur Tabelle 2: Teilzeitquoten in v.H. aller Beschäftigten, Deutschland

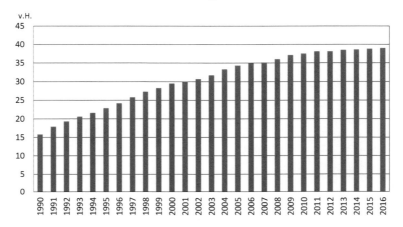

Quelle: Nach Angaben des Instituts für Arbeitsmarkt- und Berufsforschung der Bundesagentur für Arbeit.

Manche Arbeitnehmer werden zumindest stutzig geworden sein, als sie aus den Medien erfuhren, dass ihre Brutto-Durchschnittsverdienste z.B. von 1990 bis 2015 kaufkraftmäßig nicht gewachsen seien. Selbst wenn sie berücksichtigten, dass jeder Einzelne vom Durchschnitt abweichen kann und wird, müssten Zweifel an der Richtigkeit dieser Meldung aufkommen. Denn die Arbeitnehmer kennen ihre jährliche Lohnerhöhung und wissen, dass trotz der Preissteigerungen in den meisten Jahren ein preisbereinigter (realer) Zuwachs übrig geblieben ist (Tabelle 4, Tarifindex der Bundesbank). So verzeichnet der preisbereinigte Bundesbankindex für den Zeitraum von 1990 bis 2015 für die realen tariflichen Monatsverdienste einen realen Zuwachs von 27,8% (Tabelle 4) und für die realen tariflichen Stundenlöhne von 31,9% (Tabelle 5).

Aus diesem Grund lassen sich die Tarifexperten der Gewerkschaften von Aussagen wie „Reallöhne heute niedriger als 1990" nicht erschüttern.

Die Entwicklung des Durchschnittslohns taugt auch nicht als Indikator für die Veränderung der Kaufkraft der Arbeitnehmer insgesamt. Denn die Kaufkraft ist die gesamtwirtschaftliche Netto-Lohnsumme, die sich aus Netto-Durchschnittslohn **mal** Zahl der Beschäftigten zusammensetzt. So hat von 1995 bis 2015 der reale Nettodurchschnittslohn um 2,3 % zugenommen. Erst multipliziert mit dem Zuwachs an Beschäftigten (13,6 %) verbessert sich die reale Netto-Lohnsumme (Kaufkraft) auf 16,2 %.

In den Jahren von 1990 bis 2007 änderte sich kontinuierlich die Zusammensetzung der Arbeitnehmerschaft, die Arbeitnehmerstruktur wandelte sich. Aus jährlichen Größen (hier die Lohnsumme pro Kopf aller Beschäftigten = Durchschnittslohn), deren Zusammensetzung sich ständig ändert, lässt sich statistisch-methodisch keine aussagefähige Zeitreihe bilden. Salopp: Man würde Äpfel mit Birnen vergleichen und gegen ein ehernes statistisches Zeitreihengesetz verstoßen.

Das Statistische Bundesamt hat diese Durchschnittslöhne, bereinigt mit dem Anstieg der Verbraucherpreise, als „Messzahlen" für die Jahre vor 2007 in seinen „Reallohnindex" aufgenommen, um denjenigen, die Verträge mit Reallohnindex-Klauseln abgeschlossen haben, überhaupt etwas an die Hand zu geben. Die tatsächliche Entwicklung der Reallöhne spiegeln diese Zahlen jedoch nicht wider, weil sie den verzerrenden Einfluss der erheblich ausgeweiteten Teilzeitquote nicht ausschalten. Die Messzahlen bis 2007 haben keine konstanten Gewichte für die Arbeitnehmerstruktur, wie dies bei Indexkonstruktionen notwendig ist. Sie ließen Fratzscher in die statistische Falle tappen. Sogar die Bundesregierung übersah diese statistische Tücke. In ihrem 5. Armutsbericht schrieb sie: „Der Zeitraum von 1991 bis 2016 lässt sich dabei im Hinblick auf die Reallohnentwicklung grob in drei Phasen aufteilen ... **eine lange Phase stagnierender und sogar rückläufiger Reallöhne zwischen 1993 und 2007 ...**"[8] (Hervorhebung H.G.)

Demgegenüber ist der ab 2007 geltende Reallohnindex ein richtiger, aussagefähiger Index, und zwar ein Laspeyres-Kettenindex mit

➢ einer **konstanten** Arbeitnehmerstruktur, aufgeteilt nach Vollzeitbeschäftigten, Teilzeitbeschäftigten und Beschäftigten mit geringfügiger Arbeitszeit,

➢ einer konstanten Branchenstruktur,

➢ einer konstanten Qualifikationsstruktur, aufgeteilt nach Leistungsgruppen,

➢ und er enthält alle Sonderzahlungen (z.B. Weihnachts- und Urlaubsgeld).

Das Statistische Bundesamt schreibt in seinen Erläuterungen zu der für unsere weiteren Überlegungen wichtigen Konstanz der Arbeitnehmerstruktur:

> „Dies bedeutet, dass die Arbeitnehmerstruktur aus dem jeweiligen Vorjahr bei der Indexberechnung übernommen wird. Die Anzahl der Arbeitnehmer bleibt nach Bundesländern, Wirtschaftszweigen, Leistungsgruppen und Geschlecht für alle Berichtsquartale gleich, nur die Verdienste variieren. Der Laspeyres-Kettenindex zeigt folglich, wie sich die durchschnittlichen Bruttoverdienste der Arbeitnehmer verändert hätten, wenn im jeweiligen Vergleichs-

---

[8] Bundesregierung, 5. Armuts- und Reichtumsbericht, Berlin 2017, S. 57.

zeitraum die gleiche Struktur der Arbeitnehmerschaft bestanden hätte wie im Vorjahr."[9]

Genau das sind die notwendigen Bausteine für einen Index.

Der Name „Reallohnindex" ist allerdings nicht ganz präzise und kann zu Missverständnissen verleiten. Denn es ist ein Index der **realen Verdienste** und kein Index der **realen Stundenlöhne**. In ihm schlagen sich also die jährlichen Veränderungen der bezahlten Arbeitszeit nieder. Er ist das Produkt aus Stundenlohn mal bezahlter Arbeitszeit.[10] Da jedoch in den Jahren ab 2007 keine gesamtwirtschaftlich durchschlagenden tariflichen Arbeitszeitverkürzungen vereinbart wurden und die Veränderung der Zahl der Überstunden und der Arbeitszeit der Teilzeitbeschäftigten sich in Grenzen hielt, würde ein Index der realen Stundenlöhne sehr ähnlich verlaufen wie der bestehende Index der Realverdienste, der ein Index der tatsächlich gezahlten, „effektiven" Verdienste ist, also nicht der Tarifverdienste.

Für die Jahre **vor** 2007 schreibt das Statistische Bundesamt nur ziemlich lapidar und nicht ganz präzise: „Um langfristigere Vergleiche der Verdienstentwicklung zu ermöglichen, wurden die Indexreihen mit Hilfe der Angaben zu den Bruttolöhnen und -gehältern aus der Volkswirtschaftlichen Gesamtrechnung des Bundes und der Länder bis zum Jahr 1979 ver-

---

[9] Statistisches Bundesamt, Verdienste und Arbeitskosten, Reallohnindex und Nominallohnindex, 4. Vierteljahr 2015.
[10] Das Statistische Bundesamt berechnet bis heute keinen Index der realen Stundenlöhne, weil ihm in der Gruppe der Beschäftigten mit geringfügiger Arbeitszeit nur die Verdienste, nicht aber die Stundenlöhne bekannt sind. Beim IAB liegen allerdings Schätzungen für die geleistete Arbeitszeit der geringfügig Beschäftigten vor, sodass man an Hand der ausgewiesenen Verdienstsumme möglicherweise die Stundenlöhne der geringfügig Beschäftigten zumindest gesamtwirtschaftlich annähernd abschätzen könnte.

längert."[11] Dabei hielt es das Statistische Bundesamt nicht für nötig, dem Leser mitzuteilen, dass es sich um die Bruttolohn- und -gehaltssumme je Arbeitnehmer und nicht je Arbeitnehmerstunde handelt, also nicht um die Stundenlöhne, wie wohl landläufig angenommen wird. Dann fährt das Amt fort: „Die Zeitreihen vor dem Berichtsjahr 2007 stellen daher sogenannte Messzahlenreihen dar, d.h. vor 2007 spiegeln sich in jedem Berichtszeitraum **die jeweils aktuellen** (Hervorhebung H.G.) Arbeitnehmerstrukturen wider."[12]

Für einen mit dieser Materie wenig oder nicht vertrauten Leser oder Nutzer des Reallohnindex besagen diese Erläuterungen nicht viel, oder er entdeckt nicht das Dynamit, das in ihnen steckt. Wahrscheinlich weiß er nicht, dass sich z.B. die Teilzeitquote, das ist der Anteil der Teilzeitbeschäftigten an der Gesamtzahl aller Beschäftigten, von 1990 (15,8%) auf 2007 (35,1%) mehr als verdoppelt hat (Tabelle 2 und zugehöriges Schaubild). Erst recht kann er nicht die dadurch ausgelösten quantitativen Konsequenzen auf die Messzahlenreihe des Durchschnittslohns und die gravierenden Abweichungen von einem richtigen Reallohnindex – falls es ihn damals gegeben hätte – abschätzen. Tatsächlich verschiebt die von 1991 bis 2007 um 6,3 Mio. vermehrte Zahl der Teilzeitbeschäftigten (1991= 6,3 Mio., 2007 = 12,6 Mio.) den Durchschnittslohn pro Kopf aller Beschäftigten deutlich nach unten.

Nehmen wir zur Verdeutlichung zunächst das denkbar einfachste Beispiel: Eine Vollzeitstelle wird bei gleichbleibendem Stundenlohn in zwei Teilzeitstellen umgewandelt. Der Durch-

---

[11] Statistisches Bundesamt, Verdienste und Arbeitskosten ..., 4. Vierteljahr 2015.
[12] Statistisches Bundesamt, Verdienste und Arbeitskosten ..., 4. Vierteljahr 2015.

schnittslohn je Beschäftigten sinkt um 50%, obwohl die Stundenlöhne konstant geblieben sind.

Stellen wir nunmehr eine Modellrechnung auf, mit der wir uns der Realität annähern (Tabelle 3)[13]:

Hier ist für das Jahr 1 die Teilzeitquote des Jahres 1991 mit 17,9% und für das Jahr 2 die Teilzeitquote des Jahres 2007 mit 35,1% angesetzt. Die Löhne **aller** Arbeitnehmer werden um **15% erhöht**, die **Arbeitszeiten** bleiben **unverändert**. Dann weitet sich auch der Verdienst eines jeden Arbeitnehmers um 15% aus. Ergebnis: **Dennoch sinkt der Durchschnittslohn** (also entsprechend die sogenannte Messzahl des „Reallohnindex" bis 2007) **um 0,9%** und der durchschnittliche Stundenlohn nimmt mit 12,2% weniger zu, als die Erhöhung der Stundenlöhne für **alle** Arbeitnehmer (15%) betrug. Der Grund liegt im Vormarsch der Teilzeitbeschäftigten mit ihren niedrigeren Verdiensten und Stundenlöhnen.[14] Nach unserer Modellrechnung wäre die Feststellung, die Löhne seien um 0,9% gesunken, völlig falsch. Richtig wäre die Aussage, die Löhne sind um 15% erhöht worden. Das bedeutet im Umkehrschluss: Bei sich verändernder Teilzeitquote lässt sich aus der Veränderung der Lohnsumme pro Kopf aller Beschäftigten (Messzahlen des Reallohnindex bis 2007) **nicht** auf die Veränderung der Verdienste und Stundenlöhne der Arbeitnehmer schließen.

---

[13] Die Veränderung der absoluten Zahl der Beschäftigten spielt keine Rolle, sondern nur die der Teilzeitquote. Denn würde die Zahl der Vollzeit- und der Teilzeitbeschäftigten mit demselben Faktor a multipliziert (Bedingung für Konstanz der Teilzeitquote), würde sich dieser Faktor im Rechengang wieder herauskürzen.

[14] Der Rückgang der Lohnsumme liegt daran, dass sich wegen der vermehrten Teilzeitarbeit die insgesamt geleisteten Arbeitsstunden (Arbeitsvolumen) um 11,7% verringert haben.

Tabelle 3: Modellrechnung zum Teilzeiteffekt. Einfluss einer steigenden Teilzeitquote auf den gesamtwirtschaftlichen Durchschnitts- und Stundenlohn

	Beschäftigte	Quote in v.H.	Wochenarbeitszeit in Stunden	Arbeitsvolumen Wochenstunden insges. in Stunden	Stundenlohn in EUR	Wochen-Lohnsumme in EUR	Wochenlohn je Beschäftigten in EUR
Basisjahr							
Vollzeitbeschäftigte	821	82,1	38	31.198	20,00	623.960	760
Teilzeitbeschäftigte	179	17,9	15	2.685	15,00	40.275	225
alle Beschäftigten	1.000	100,0	33,88	33.883	19,60	664.235	664
Ende des Zeitraums							
Vollzeitbeschäftigte	649	64,9	38	24.662	23,00	567.226	874
Teilzeitbeschäftigte	351	35,1	15	5.265	17,25	90.821	259
alle Beschäftigten	1.000	100,0	29,93	29.927	21,99	658.047	658
Veränd. End- zu Basisjahr	Rückgang des Arbeitsvolumens			-11,7 %			
					Stundenlohn		
Vollzeitbeschäftigte					15,0 %		15,0 %
Teilzeitbeschäftigte					15,0 %		15,0 %
pro Kopf **aller** Beschäftigten (wie in VGR)					12,2 %		-0,9 %

Ergebnis der Modellrechnung: Obwohl sich für jeden Arbeitnehmer **Stundenlohn und Lohnsumme um 15 % erhöhen**, sinkt der (unechte) Durchschnittslohn um **0,9 %** und der gesamtwirtschaftliche Stundenlohn steigt nur um **12,2 %**. Auch das gesamtwirtschaftliche Arbeitsvolumen sinkt um 11,7 %, obwohl die individuellen Arbeitszeiten unverändert blieben.

Oder anders gewendet: Die in den Volkswirtschaftlichen Gesamtrechnungen und damit auch im Reallohnindex bis 2007 ausgewiesenen Bruttolöhne und -gehälter je Beschäftigten (Durchschnittslohn) beziehen die Lohnsumme auf die Zahl der im jeweiligen Jahr aktuell beschäftigten Arbeitnehmer, und zwar unabhängig davon, ob sie vollzeit- oder teilzeitbeschäftigt sind.

Die Arbeitnehmerstruktur war jedoch von Jahr zu Jahr wegen des Vordringens der Teilzeitbeschäftigten unterschiedlich. Es kann also durchaus sein, dass bei sinkendem Durchschnittslohn die Verdienste aller Arbeitnehmer zugenommen haben, wie die Modellrechnung nachweist. Aus Größen, deren Zusammensetzung sich jährlich ändert, lässt sich also keine richtige Zeitreihe aufstellen, sie würde gegen das eherne statistische Gesetz der Zeitreihenbildung verstoßen.

Genau an dieser Stelle tappten Fratzscher und viele andere in die statistische Falle. Und genau hier liegt die Quelle des statistischen Fehlers und der Fehlinterpretation vieler Ökonomen oder Journalisten. Hier ist die Keimzelle des sich ausbreitenden Mythos von der jahrzehntelangen Reallohnstagnation.

Das hat das Statistische Bundesamt mit verschuldet: Es hätte die Messzahlen mit ihrer stark expandierenden Teilzeitquote bis zum Jahr 2007 in ihrer oft genutzten Zeitreihe nicht unter dem falschen Namen „Reallohnindex" mitsegeln lassen dürfen. Da helfen auch die oben zitierten Erläuterungen des Statistischen Bundesamtes zu den Messzahlen kaum weiter, weil den Nutzern die quantitativen Auswirkungen der Abweichungen von echten Indexzahlen nicht bekannt sind oder sie diese auch nicht abschätzen können.

Wenn schon der Präsident des DIW diese Problematik übersehen hat, dann wird es reihenweise vielen anderen genauso passieren, wie weiter unten am Beispiel von Sahra Wagenknecht nachgewiesen wird. Bei einer Internetsuche nach der Entwicklung der Reallöhne landeten viele unweigerlich bei der Indexreihe in der Pressemitteilung des Statistischen Bundesamtes oder bei seiner Fachserie „Reallohnindex und Nominalindex" mit der langen Zeitreihe ab 1991.

Der Verfasser hat deshalb den Fehler Fratzschers zum Anlass und als Beispiel genommen und sich schriftlich an das Statistische Bundesamt gewandt, um es auf die geradezu zwangsläufige Missdeutung bei den Nutzern des Reallohnindex für die Jahre vor 2007 aufmerksam zu machen. Er erläuterte ausführlich, dass die Werte der Jahre vor 2007 statistisch-methodisch mit den späteren Jahren nicht vergleichbar und Fremdkörper in einem Reallohnindex seien. In seinem Antwortschreiben vom 6.2.2017 teilte der Leiter des Bereichs „Verdienste und Arbeitskosten", Direktor Peter Schmidt, dem Verfasser mit: „Wir haben Ihr o.g. Schreiben zum Anlass genommen, uns nochmals sehr intensiv mit der Darstellung des Reallohnindex in der o.g. Fachserie (Reallohnindex und Nominallohnindex) zu beschäftigen. Für Ihre sehr informativen und interessanten Ausführungen in Ihrem Schreiben möchten wir Ihnen an dieser Stelle daher auch ausdrücklich danken. Im Ergebnis haben wir beschlossen, **in den zukünftigen Ausgaben** der o.g. Fachserie **auf die Darstellung** der mit Hilfe der Bruttolöhne und -gehälter je Arbeitnehmer aus den Volkswirtschaftlichen Gesamtrechnungen verlängerten Zeitreihen des Nominal- bzw. Reallohnindex **zu verzichten** und **nur noch** ausschließlich die **Zeitreihen** auf Basis der Vierteljährlichen Verdiensterhebung **ab dem Berichtsjahr 2007 darzustellen.**"[15] (Hervorhebung H.G.)

So weit, so gut. Aber die falschen Indexwerte sind damit nicht aus der Welt. Sie schlummern noch in allen älteren

---

[15] Brief vom 6. Februar 2017.

Jahrgängen bis 2015 in den Bibliotheken und Archiven und können von vielen, die nach einer langfristigen Entwicklung der Reallöhne suchen, freudig als entdeckte, vermeintliche Schätze gehoben werden. Deshalb kann weiterhin der Mythos einer langfristigen Reallohnstagnation am Leben gehalten werden.

Deswegen wäre es zur Vermeidung künftiger Missdeutungen angemessen, wenn die Erläuterungen in den nächsten Publikationen der Fachserie „Reallohnindex und Nominallohnindex" ausführlich darauf hinwiesen, dass die Daten vor 2007 keine Indexwerte und deshalb nicht mit den Werten ab 2007 vergleichbar sind.

Abschließend sei noch auf eine weitere Feststellung Fratzschers aufmerksam gemacht, die die Mythenbildung über die katastrophale Reallohnentwicklung befeuert. Fratzscher „krönt" seine lohnpolitische Hiobsbotschaft mit einer noch frappierenderen Behauptung, nämlich:

„**Viele** Arbeitnehmer konnten in diesem Zeitraum gar keinen Anstieg ihrer Nominallöhne verzeichnen oder **verdienen heute auch nominal weniger als vor einem Vierteljahrhundert** (siehe Abb. 5)."[16] (Hervorhebung H.G.)

Zunächst einmal werden in Abb. 5 überhaupt keine Nominallöhne angeführt, auch nicht in späteren Tabellen oder Abbildungen. Die Feststellung ist also nur eine Behauptung, sie steht im luftleeren Raum. Zur Beurteilung muss man wissen, dass im Zeitraum von 1990 bis 2015 die Verbraucherpreise um 58% angehoben wurden. Stagnierende Nominallöhne würde bedeuten, dass bei „vielen" Arbeitnehmern die Reallöhne um mindestens 36,7%[17] gesunken sein müssten, bei sinkenden Nominallöhnen sogar noch stärker. Bei der Be-

---

[16] M. Fratzscher, Verteilungskampf ..., S. 53.
[17] Rechnung „in Hundert": 100/1,58 = 63,3.

rechnung von Durchschnittswerten werden zwar oft Daten einbezogen, die weit unter dem Durchschnitt liegen (sog. Extremwerte, Exoten oder Ausrutscher), statistisch jedoch nicht ins Gewicht fallen. Bei einer seriösen statistischen Aussage muss man davon ausgehen, dass mit dem Begriff „viele" ein beachtenswerter Anteil an der gesamten Arbeitnehmerschaft gemeint ist und nicht beklagenswerte, verschwindend geringe Einzelfälle. Es wäre informativ gewesen, wenn Fratzscher den Anteil dieser „Vielen" in Prozent an der Gesamtheit aller Beschäftigten (39 Mio.) beziffert hätte. Dies hat er leider unterlassen.

Die Aussage Fratzschers, viele Arbeitnehmer hätten keinen Anstieg ihrer Nominallöhne zu verzeichnen oder verdienten auch heute sogar nominal weniger als vor einem Vierteljahrhundert, ist irreführend, statistisch irrelevant und unglaubwürdig. Es kann sich nämlich nur um bedauernswerte Einzelfälle in ganz besonderen Lebensumständen handeln, mit denen mitunter Journalisten von Regenbogenmedien, z. B. in Talkshows, hausieren gehen.

Die Aussage Fratzschers muss auch vor dem Hintergrund eines nach den Volkswirtschaftlichen Gesamtrechnungen zu errechnenden durchschnittlichen Anstiegs der Reallöhne je geleisteter Stunde von 24,2 % (Tabelle 5) gesehen werden.

III. Die tatsächliche Entwicklung der Realverdienste

In unserer Modellrechnung (Tabelle 3) waren die Lohnsteigerungen, getrennt nach Vollzeitbeschäftigten und Teilzeitbeschäftigten, als bekannt vorgegeben. In der Statistik liegt diese Trennung bis zum Jahr 2007 nicht vor, nur die Entwicklung des (unechten) gesamtwirtschaftlichen Durchschnittswerts pro Kopf aller Beschäftigten. Diese gibt jedoch keine Auskunft über die Entwicklung der Realverdienste der einzelnen Arbeitnehmer, wie aus der Modellrechnung (Tabelle 3) ersichtlich. Manchem ist zwar der dämpfende Einfluss einer zunehmenden Teilzeitquote bekannt, aber sein Ausmaß konnte nicht quantifiziert werden.

Der Verfasser hat jedoch ein Berechnungsverfahren[18] entwickelt, mit dem sich die Verdienstentwicklung von Vollzeitbeschäftigten und Teilzeitbeschäftigten getrennt für die Jahre **vor** 2007 abschätzen lässt. Gewichtet mit den Voll- und Teilzeitquoten (Laspeyres-Kette) erhält man dann die teilzeitbereinigten Veränderungsraten der Verdienste. Im Anhang ist der Rechengang kurz dargestellt, eine ausführliche Darstellung mit realistischen Daten liegt in der Studie Nr. 33 des

---

[18] H. Görgens, Lohnentwicklung ..., S. 8 ff..

Instituts für Makroökonomie und Konjunkturforschung (IMK) vor. Sie kann kostenlos aus dem Internet heruntergeladen werden.

Mit diesem Verfahren wird der Knoten des bis dahin nur bekannten Durchschnittswerts der Verdienste pro Kopf aller Beschäftigten gelöst und eine vom dämpfenden Teilzeiteffekt befreite Entwicklung der Verdienste der Arbeitnehmer aufgezeigt.

Wegen seiner Bedeutung für die Beurteilung der gesamtwirtschaftlichen Lohnentwicklung hatte der Verfasser die Studie vor der Veröffentlichung dem Statistischen Bundesamt übersandt mit der Bitte, sie von seinen Experten überprüfen zu lassen. Freundlicherweise – nicht zuletzt aus eigenem Interesse – wurde dieser Bitte entsprochen und dem Verfasser mündlich und schriftlich mitgeteilt, dass die Berechnungen eine „interessante Ergänzung zu den von den Volkswirtschaftlichen Gesamtrechnungen ermittelten durchschnittlichen Bruttolöhnen und -gehältern" sind und zu einem **„besseren Verständnis der Lohnentwicklung im Zeitablauf beitragen können."** [19] (Hervorhebung H.G.)

In Tabelle 4 ist das Ergebnis der vom dämpfenden Teilzeiteffekt bereinigten Zuwächse der Realverdienste von 1991 bis 2007 nach Datenstand (März 2016) dargestellt. Die Wochenarbeitszeiten des IAB wurden so angepasst, dass sie zur gesamtwirtschaftlichen Veränderungsrate des tatsächlich bezahlten[20] Arbeitsvolumens der Arbeitnehmer (Gesamtzahl aller bezahlten Arbeitnehmerstunden) führen.

---

[19] Brief vom 26. April 2013 von Regierungsdirektor Thomas Luh, dem verantwortlichen Experten für die Ermittlung der Löhne in den VGR.

[20] Das bezahlte Arbeitsvolumen wurde aus der tiefgegliederten Arbeitszeit-Komponenten-Tabelle des IAB berechnet. Siehe dazu Görgens, Lohnentwicklung ..., S. 17 und Tabellen 7 und 8, S. 31 f.

Tabelle 4: Entwicklung der realen Verdienste
(Bruttolohnsumme je Beschäftigten) 1990 bis 2016

Jahr	Index der preisbereinigten tariflichen Monatsverdienste je Arbeitnehmer (Bundesbank)		reale Verdienste teilzeitbereinigt (1990-2007) richtiger Reallohnindex ab 2007		sogenannter „Reallohnindex"	
	1990 =100	in v.H.	1990 =100	in v.H.	1990 =100	in v.H.
1990	100,0		100,0		100,0	
[1]1991	102,4	2,4	102,5	2,5	102,2	2,2
1992	108,1	5,6	107,8	5,2	107,2	4,9
1993	110,3	2,0	108,7	0,8	107,0	-0,1
1994	110,5	0,1	108,8	0,1	106,3	-0,7
1995	113,6	2,8	111,0	2,0	107,5	1,2
1996	114,7	1,0	111,3	0,3	107,4	-0,2
1997	114,2	-0,4	109,5	-1,6	105,3	-1,9
1998	115,1	0,8	110,1	0,5	105,2	-0,1
1999	117,6	2,1	111,7	1,5	105,9	0,7
2000	118,3	0,6	113,1	1,2	105,9	0,0
2001	118,2	0,0	113,9	0,7	105,8	0,0
2002	119,5	1,1	114,2	0,3	105,9	0,1
2003	120,6	0,9	115,2	0,9	105,9	0,0
2004	120,2	-0,3	114,1	-1,0	104,8	-1,0
2005	119,7	-0,4	115,1	0,9	103,5	-1,3
2006	119,3	-0,4	114,6	-0,4	102,7	-0,7
2007	118,1	-0,9	114,1	-0,5	101,8	-0,8
2008	118,5	0,3	114,6	0,5	102,3	0,5
2009	120,4	1,6	114,4	-0,2	102,1	-0,2
2010	121,2	0,7	116,1	1,5	103,7	1,5
2011	120,8	-0,3	117,5	1,2	104,9	1,2
2012	121,7	0,7	118,1	0,5	105,5	0,5
2013	122,9	1,0	118,0	-0,1	105,3	-0,1
2014	125,3	2,0	120,0	1,7	107,2	1,7
2015	127,8	2,0	123,0	2,4	109,8	2,4
2016	129,9	1,6	125,2	1,8	111,8	1,8

[1] Von 1990 auf 1991 Westdeutschland; ab 1991 Deutschland

Quelle: Eigene Berechnungen nach Angaben des Statistischen Bundesamtes, des IAB und der Bundesbank.

Schaubild zur Tabelle 4: Entwicklung der preisbereinigten Verdienste

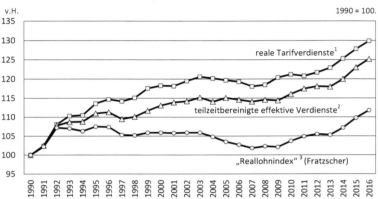

[1] Preisbereinigte tarifliche Monatsverdienste (Bundesbank)
[2] 1990 bis 2007 teilzeitbereinigt (Görgens); ab 2007 Reallohnindex des Statistischen Bundesamtes
[3] Reallohnindex des Statistischen Bundesamtes. Er ist erst seit 2007 ein richtiger Index, zuvor teilzeitverzerrte Messzahlen
Quelle: Eigene Berechnungen nach Angaben des Statistischen Bundesamtes, des IAB und der Bundesbank.

Tabelle 4 zeigt einen Zuwachs der Realverdienste im Zeitraum von 1991 bis 2007 von 14,1 %. Fügt man nunmehr noch die Zunahme von 2007 bis 2015 des richtigen Reallohnindex (7,8 %) hinzu, dann verbessern sich die **realen Verdienste der Arbeitnehmer** für den Zeitraum **von 1990 bis 2015** um **23 %** (Tabelle 4).

Fratzschers Feststellung „Reallöhne heute niedriger als 1990" und unser Ergebnis (+ 23 %) trennen Welten.

Auch ohne Kenntnis meines zum damaligen Zeitpunkt schon längst veröffentlichten Verfahrens zur Teilzeitbereinigung hätte Fratzscher stutzig werden müssen, wenn er einen Blick auf den Index der tariflichen Monatsverdienste geworfen hätte, den die Bundesbank seit langem erstellt. Preisbereinigt kommt man nämlich für die tariflichen Monatsverdienste für den Zeitraum 1990 bis 2015 auf einen Zuwachs von 27,8% (Tabelle 4). Dies bestätigt das Ergebnis unserer Berechnungen. Es war zu erwarten, dass wegen der Ausweitung der Tarifflucht die tarifliche Zunahme etwas höher liegt als die von uns berechnete effektive Verdienstverbesserung. Denn bei zunehmender Tarifflucht der Unternehmen wird es immer schwieriger, die tariflichen Lohnerhöhungen in effektive umzusetzen.

Die Entwicklung der Realverdienste war nicht in allen Jahren aufwärts gerichtet. Eine dunkle Phase waren die Jahre 2004 bis 2007, in denen die Realverdienste auch teilzeitbereinigt schrumpften. Wer die Entwicklung der Realverdienste kleinrechnen will, nehme am besten die nicht teilzeitbereinigten Werte der VGR sowie die Basis 2000, wie dies mitunter geschieht, und die Dekade bis 2010. Dem staunenden Publikum kann dann ein Reallohnschwund von 2,9% vorgeführt werden. In Wirklichkeit nahmen die Realverdienste auch in diesen Zeiten teilzeitbereinigt noch zu, wenn auch nur um magere 2,7%.

Nicht zuletzt kann das falsche Ergebnis Fratzschers zu einer Fehleinschätzung der lohnpolitischen Durchsetzungskraft der Gewerkschaften führen. Denn eine „nachgewiesene" jahrzehntelange Stagnation der effektiven Realverdienste kann die völlige Erfolglosigkeit der gewerkschaftlichen Lohnpolitik heraufbeschwören – nichts aber schwächt die Gewerkschaften mehr als die behauptete Wirkungslosigkeit aller gewerkschaftlichen Anstrengungen und Kämpfe um einen fairen Anteil am Einkommenszuwachs.

Allerdings ist der Erfolg der gewerkschaftlichen Lohnpolitik zunächst und vor allem an den Ergebnissen der Tariflohnentwicklung zu bemessen. Und diese sind gut (Tabelle 4). Die tariflichen realen Verdienste sind nämlich nach dem Tarifindex der Bundesbank von 1990 bis 2015 um 27,8 % angestiegen. Hätten im selben Zeitraum die effektiven, d.h. die gezahlten realen Verdienste nach Fratzscher stagniert, dann wäre eine sog. Lohndrift (Unterschied der Entwicklung von Tarifabschlüssen und tatsächlicher Lohnentwicklung) von −27,8 % eingetreten. Die tariflichen Erhöhungen wären effektiv völlig wirkungslos verpufft. Die gewerkschaftlichen Tarifvereinbarungen wären Mondtarife gewesen – ein lohnpolitisches Armutszeugnis sondergleichen für die Gewerkschaften.

In Wirklichkeit sieht die Lohnlandschaft ganz anders aus, als Fratzscher sie darstellt, denn für den gesamten Zeitraum betrug die negative Lohndrift nur 4,8 Prozentpunkte (27,8 % minus 23,0 %, siehe Tabelle 4) oder 3,8 %. Sie resultiert vor allem daraus, dass in den nicht tarifgebundenen Unternehmen die effektiven Löhne nicht in demselben Maße angehoben wurden wie in den tarifgebundenen.

IV. Zwei Studien: Stundenlöhne seit 1995 real kaum angestiegen, die unteren sogar deutlich gesunken

IV.1 DIW-Studie

IV.1.1 Stundenlöhne insgesamt

Brenke und Kritikos schreiben zu den realen Bruttostundenlöhnen:

> „Die Löhne stiegen nach der hier verwendeten Berechnungsmethode in der Zeit von 1995 bis 2015 insgesamt nur wenig: Der mittlere Lohn (Median) wie auch der durchschnittliche Lohn (arithmetischer Mittelwert) legten real lediglich mit einer jahresdurchschnittlichen Rate von 0,1 Prozent zu (Tabelle 1)."[21]

Ein jahresdurchschnittlicher Zuwachs der realen Stundenlöhne von 0,1 % bedeutet für den 20-Jahreszeitraum eine sehr magere Zunahme von real 2 % insgesamt.

Diese Berechnungen (Tabelle DIW-Studie) basieren auf dem Sozio-ökonomischen Panel (SOEP) des DIW. Die Autoren

---

[21] Karl Brenke und Alexander S. Kritikos, Niedrige Stundenverdienste hinken bei der Lohnentwicklung nicht mehr hinterher, DIW-Wochenbericht Nr. 21, 2017, S. 408.

machen auf die Abweichung ihres Ergebnisses vom Ergebnis der VGR aufmerksam. Der Unterschied ist erstaunlich groß. So haben die realen Bruttolöhne je geleisteter Stunde nach der VGR von 1995 bis 2015 um 12,8% zugelegt und nicht wie beim DIW um 2%. Dabei ist bei den VGR-Daten noch nicht einmal der dämpfende Teilzeiteffekt ausgeschaltet, der durch die wachsende Zahl der Teilzeitbeschäftigten mit ihren niedrigeren Stundenlöhnen verursacht wird. Nach Eliminierung des Teilzeiteffektes lässt sich aus Tabelle 5 eine Zunahme von 15,3 % errechnen.

Tabelle DIW-Studie: Durchschnittliche jährliche Wachstumsrate der realen Bruttostundenlöhne[1] nach der Höhe der Löhne Medianwerte, in Prozent

	1991-1998	1998-2004	2004-2009	2009-2012	2012-2015	1995-2015
1. (unteres) Dezil	4,2	-1,6	-2,7	1,7	1,4	-0,6
2. Dezil	4,9	-0,9	-2,0	-0,1	2,2	-0,4
3. Dezil	3,6	-0,6	-1,7	-0,1	1,4	-0,3
4. Dezil	2,3	0,0	-1,2	-0,2	0,7	-0,2
5. Dezil	1,9	0,2	-0,8	-0,4	0,7	0,0
6. Dezil	1,5	0,8	-1,1	-0,9	1,5	0,2
7. Dezil	1,4	0,8	-1,0	-0,6	2,0	0,4
8. Dezil	1,5	0,7	-0,9	-0,5	2,4	0,5
9. Dezil	1,6	0,5	-0,9	0,0	2,4	0,5
10. (oberes) Dezil	1,2	1,0	-0,5	-0,6	2,5	0,4
Insgesamt	1,7	0,5	-1,1	-0,7	1,2	0,1
Nachrichtlich: Durchschnitt (Mittelwert)	*2,0*	*0,4*	*-0,9*	*-1,0*	*1,5*	*0,1*

[1] Von abhängig Beschäftigten ohne Auszubildende, Praktikanten u. Ä.

Quelle: Das Sozio-ökonomische Panel (V32.1); Berechnungen des DIW Berlin.

Tabelle 5: Entwicklung der realen Bruttostundenlöhne in v.H.

Jahre	preisbereinigte Bruttolöhne je **geleisteter** Stunde (Volkswirtschaftliche Gesamtrechnung)		Index der preisbereinigten **tariflichen** Stundenlöhne (Bundesbank)		preisbereinigte Bruttolöhne je **bezahlter**[1] Stunde **nach Teilzeitbereinigung**	
[2]1990		100,0		100,0		100,0
1991	2,2	102,2	3,0	103,0	3,5	103,5
1992	4,2	106,5	6,4	109,6	4,4	108,1
1993	1,7	108,3	2,9	112,8	1,8	110,0
1994	−0,2	108,1	0,8	113,7	0,0	110,0
1995	2,1	110,3	3,1	117,2	2,2	112,4
1996	1,1	111,5	1,2	118,5	1,3	113,9
1997	−1,0	110,4	−0,5	117,9	−0,8	113,0
1998	0,5	110,9	1,0	119,1	0,6	113,6
1999	1,8	112,9	2,3	121,8	2,0	115,9
2000	1,5	114,6	0,6	122,5	1,6	117,8
2001	0,8	115,5	−0,1	122,4	0,8	118,7
2002	0,6	116,1	1,3	124,0	0,5	119,3
2003	0,5	116,7	0,8	125,1	0,8	120,3
2004	−0,7	115,9	−0,3	124,7	−0,5	119,7
2005	−0,5	115,3	−0,7	123,8	−0,2	119,4
2006	−2,2	112,8	−0,5	123,2	−2,0	117,0
2007	−1,1	111,5	−1,0	122,0	−1,0	115,9
2008	0,3	111,8	0,2	122,2	0,6	116,6
2009	3,5	115,7	1,7	124,3	3,7	120,9
2010	−0,2	115,6	0,5	124,9	−0,1	120,8
2011	0,8	116,5	−0,4	124,4	0,9	121,8
2012	1,8	118,6	0,7	125,3	1,4	123,5
2013	1,4	120,3	1,0	126,5	1,2	125,0
2014	1,2	121,7	2,1	129,2	1,5	126,9
2015	2,1	124,2	2,1	131,9	2,1	129,6
2016	2,7	127,6	1,6	134,0	2,6	132,9

[1] Eigene Berechnungen nach Angaben des IAB und der VGR
[2] Von 1990 auf 1991 Westdeutschland; ab 1991 Deutschland

Quelle: Eigene Berechnungen nach Angaben des Statistischen Bundesamtes und der Bundesbank.

Schaubild zur Tabelle 5: Entwicklung der preisbereinigten Stundenlöhne

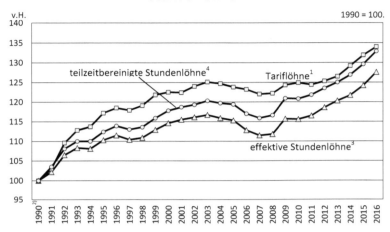

[1] Preisbereinigter Tariflohnindex auf Stundenbasis der Bundesbank
[2] Von 1990 auf 1991 Westdeutschland, ab 1991 Deutschland
[3] Preisbereinigte Bruttolöhne und -gehälter je geleisteter Stunde nach VGR
[4] Preisbereinigte Bruttolöhne und -gehälter je bezahlter Stunde nach Teilzeitbereinigung (Görgens)

Quelle: Eigene Berechnungen nach Angaben des Statistischen Bundesamtes und des IAB.

Die Autoren Brenke und Kritikos begründen diese erhebliche Diskrepanz mit dem unterschiedlichen Konzept von SOEP und VGR, vor allem bei der Berechnung der Arbeitszeit. Von der Arbeitszeitberechnung des IAB und der VGR behaupten sie:

> „Die Ermittlung der Arbeitszeit ist stark von Annahmen gestützt – so wird beispielsweise **unterstellt, dass an Samstagen und Sonntagen nicht gearbeitet** wird ... Getrennt davon wird die geleistete Arbeitszeit geschätzt ... **nicht aber eventuell geleistete unbezahlte Mehrarbeit.**"[22] (Hervorhebung H.G.)

[22] Brenke und Kritikos, Niedrige Stundenverdienste ..., S. 409.

Beide Behauptungen sind falsch. Die Autoren haben eindeutig die Arbeitszeitberechnung des IAB nicht durchschaut. Selbstverständlich haben die Experten des IAB die mehrere Milliarden Arbeitsstunden, die an Samstagen und Sonntagen anfallen, und die unbezahlte Mehrarbeit berücksichtigt. Das vom IAB berechnete Arbeitsvolumen wird in die VGR übernommen und dort z.b. zur Berechnung von Stundenlöhnen, Arbeitsproduktivität und Lohnstückkosten verwendet. Kaum auszudenken, wenn diese Milliarden Wochenend-Arbeitsstunden vom IAB übersehen worden wären.

Wegen der großen Bedeutung der Behauptung der DIW-Autoren hat der Verfasser seine Widerlegung, die im nachfolgenden Absatz ausgeführt ist, der verantwortlichen Expertin des IAB, Frau Susanne Wanger, vorgelegt, mit der Bitte um Überprüfung. Schon im eigenen Interesse ist sie der Bitte gefolgt. Sie hat meinen vorgeschlagenen nachfolgenden Text mit einer kleinen Ergänzung gebilligt:

Die Autoren des DIW haben das Konzept der Arbeitszeitrechnung des IAB nicht verstanden. Sie haben in der Arbeitszeit-Komponententabelle[23] des IAB wohl oberflächlich nur den Abzug der Wochenendtage und Feiertage von den Kalendertagen gesehen (der Saldo dort vielleicht etwas unglücklich als „potenzielle" Arbeitstage bezeichnet) und gemeint, damit fiele die am Wochenende geleistete Arbeitszeit weg. Sie haben nicht durchschaut, dass die an Samstagen und Sonntagen geleistete bzw. bezahlte Arbeitszeit der durchschnittlichen tariflich/betriebsüblichen „Wochenarbeitszeit" (5-Tage-Woche) zugeschlagen wurde. Erst recht haben sie nicht erkannt, dass diese „Wochenarbeitszeit" (2016: 29,59

---

[23] Die aktuellen Daten der IAB-Arbeitszeitrechnung werden auf der Internetseite des IAB http://doku.iab.de/arbeitsmarktdaten/AZ_Komponenten.xlsx veröffentlicht.

Stunden als gewichteter Durchschnitt aus Voll- und Teilzeitarbeit) notwendig war, damit sie auf eine durchschnittliche **tägliche** Arbeitszeit (2016: 5,92 Stunden) heruntergebrochen werden konnte (Divisor 5), um das Ausfallvolumen durch Urlaubs- und sonstige Freistellungs**tage** (2016: 31,4 Tage) sowie Kranken**tage** (2016: 10,8 Tage) zu berechnen. Diese tägliche durchschnittliche Arbeitszeit aus Voll- und Teilzeit von 5,92 Stunden wird allerdings im Komponenten-Tableau nicht aufgeführt, kann jedoch wie gezeigt einfach (Divisor 5) berechnet werden. Außerdem ist auch die unbezahlte Mehrarbeit in der IAB-Arbeitszeitrechnung enthalten (siehe die dortige Arbeitszeitkomponente „unbezahlte Überstunden"). Nähere Erläuterungen zu der IAB-Arbeitszeitrechnung finden sich in zahlreichen ausführlichen Veröffentlichungen.[24]

Da die Behauptungen der DIW-Autoren zur Berechnung der Arbeitszeit durch das IAB bzw. in der VGR falsch sind, können Brenke und Kritikos somit den eklatanten Unterschied zwischen 2% (DIW) und 12,8% (VGR) nicht erklären.

Zieht man den Index der tariflichen Stundenlöhne, den die Bundesbank veröffentlicht, zu Rate und deflationiert ihn mit dem Anstieg der Verbraucherpreise, erhält man einen realen Zuwachs der tariflichen Stundenlöhne im selben Zeitraum von 1995 bis 2015 von 12,5%. Dieses Ergebnis kommt dem Ergebnis der VGR sehr nahe.

---

[24] Siehe z.B. S. Wanger, R. Weigand und I. Zapf, Measuring hours worked in Germany – Contents, data and methodological essentials of the IAB working time measurement concept. Journal for Labour Market Research, 49(3), 2016, S. 213-238.

Dies., Revision der IAB-Arbeitszeitrechnung 2014: Grundlagen, methodische Weiterentwicklungen sowie ausgewählte Ergebnisse im Rahmen der Revision der Volkswirtschaftlichen Gesamtrechnungen (9/2014). IAB-Forschungsbericht, 2014.

Es bleibt somit das Dilemma, dass in der international hoch geachteten deutschen Statistik nunmehr zwei deutlich unterschiedliche Versionen der Entwicklung der Stundenlöhne in Umlauf sind: eine in der seit Jahrzehnten bewährten VGR und die andere in der statistischen Parallelwelt des SOEP (DIW). Dies scheint bisher wenigen aufgefallen zu sein und niemanden gestört zu haben.

Der Verfasser hält das Ergebnis des DIW, das aus Befragungen von Haushalten stammt, deren Zusammensetzung sich ständig ändert, und nicht teilzeitbereinigt ist, allein schon mit Blick auf die Statistiken von Bundesbank und VGR für sehr fragwürdig. Er bezweifelt auch die Genauigkeit der Zeitreihe der jährlichen Stundenlöhne des DIW. Nach der Beschreibung[25] der Autoren werden die Stundenlöhne nicht direkt erfasst. Erfragt werden bei den Haushaltsbefragungen die tatsächlich geleisteten Arbeitszeiten inklusive eventueller Überstunden je Woche und die Monatslöhne. Aus diesen Angaben werden die Stundenlöhne berechnet: Monatslohn geteilt durch das Produkt aus Wochenstunden und dem Faktor 4,3 für die Zahl der Wochen im Monat. Es werden nur die laufenden Erwerbseinkünfte erhoben; Sonder- oder Einmalzahlungen wie Weihnachts- und Urlaubsgeld sowie etwa Prämien sind ausgeklammert. Bei der Arbeitszeit geht das ein, was von den Befragten als tatsächliche monatliche Arbeitszeit angesehen wird, nicht beachtet werden dabei in der Regel Ausfallzeiten etwa wegen Urlaub oder wegen Krankheit.

Die Genauigkeit kann aus folgenden Gründen leiden: Für die Zeitreihe der Jahreszahlen müssen die Angaben der Befragten auf ein volles Jahr hochgerechnet werden. Da die Wochenarbeitszeiten inklusive der Überstunden und die Monatslöhne schwanken können, wird eine Hochrechnung auf

---

[25] Brenke und Kritikos, Niedrige Stundenverdienste ..., S. 409, Kasten.

ein volles Jahr erschwert. Außerdem müssen die Angaben für ein abgeschlossenes Jahr, also das Vorjahr, gelten. Wie genau sich mancher Befragte, falls er es überhaupt je genau wusste, noch daran erinnern kann, ist fraglich. Genauso sei dahingestellt, ob viele Befragte wirklich genau wissen oder nachweisen können, was sie im Vorjahr brutto – und nicht ausgezahlt netto – verdient haben. Dasselbe gilt für die oft wöchentlich oder monatlich schwankenden Überstunden des Vorjahrs. Auch das Fehlen der Sonderzahlungen und Ausfallzeiten und ihre jährlichen Veränderungen können den zeitlichen Vergleich beeinträchtigen. Schließlich ist auch der Verzerrungseffekt durch die angestiegene Teilzeitquote nicht ausgeschaltet.

Das IAB greift demgegenüber auf eine ganze Reihe von Quellen und Fachstatistiken zurück, von denen ein großer Teil auf vielfältigen Angaben (z.B. aus Bilanzen) der Unternehmen beruht, die zur Berichterstattung gesetzlich verpflichtet sind.

Wie dem auch sei, es darf nicht sein, dass in Deutschland für die Zeitreihe der realen Stundenlöhne, die für die Arbeitnehmer sehr wichtig ist, zwei Statistiken mit deutlich divergierenden Ergebnissen kursieren. Die Urheber müssen für dieses Problem sensibilisiert werden.

IV.1.2 Entwicklung der Stundenlöhne nach Lohnhöhe

Ein weiterer Punkt, der angesprochen werden muss, ist die Berechnung der Entwicklung der Stundenlöhne nach Dezilen durch Brenke und Kritikos. Dazu sei folgender grundsätzlicher Einwand vorausgeschickt: Die Entwicklung der einzelnen Dezile mündet in die Stundenlohnentwicklung **insgesamt**, die von uns bereits in Zweifel gezogen wurde. Wenn jedoch der Verlauf in seiner Gesamtheit schon sehr fragwürdig erscheint, dann muss dies auch für seine Einzelteile, die Dezile, gelten.

Gehen wir nunmehr zu den Aussagen der DIW-Autoren über die Entwicklung der Stundenlöhne nach Dezilen. Sie schreiben:

> „Insgesamt zeigen die Ergebnisse, dass die Stundenlöhne nach der Finanzkrise real durchweg zugenommen haben und der Anstieg gleichmäßiger als früher verteilt war. **Dennoch haben diese Steigerungen die Reallohnverluste in den unteren vier Dezilen aus den 15 Jahren zuvor nicht wettgemacht.**"[26] (Hervorhebung H.G.)

Aus ihrer Tabelle 1 (hier wiedergegeben als Tabelle DIW-Studie) lässt sich der Durchschnitt des jahresdurchschnittlichen Rückgangs des realen Stundenlohns der untersten 4 Dezile (40 %) für die Jahre 1995 bis 2015 mit −0,38 % errechnen. Das bedeutet für diese 20 Jahre insgesamt ein Minus von 7 %. Für die oberen 50 % der Stundenlöhne errechnet sich ein Plus von knapp 8 %.

Dieses Forschungsergebnis des DIW wurde durch Übernahme in den 5. Armuts- und Reichtumsbericht (2017) der Bundesregierung gleichsam geadelt[27]. In der Talkshow von Anne Will am 27.8.2017 wurde als Information für die Fernsehzuschauer plakativ folgender Schriftsatz eingeblendet (hinterlegt mit dem Logo des Bundeswirtschaftsministeriums): „Im Jahr 2015 waren die realen Bruttolöhne der unteren 40 %

---

[26] Brenke und Kritikos, Niedrige Stundenverdienste ..., S. 407.

[27] „Dabei entwickelten sich die realen Bruttostundenlöhne in diesem Zeitraum (1995-2015) in den unteren vier Dezilen zum Teil deutlich rückläufig, während in den darüber liegenden Dezilen teils ausgeprägte Zuwächse zu verzeichnen waren." (Bundesregierung, 5. Armuts- und Reichtumsbericht, 2017, S. 59).

zum Teil erheblich niedriger als 1995."[28] So wurde ein Ergebnis der Berechnungen des DIW sozusagen mit dem Gütesiegel des Bundeswirtschaftsministeriums mit einem Schlag millionenfach verbreitet.

Aber auch durch die weite Verbreitung der Aussagen des DIW werden die Ergebnisse nicht richtiger. Sie sind und bleiben falsch und irreführend, denn die DIW-Autoren behaupten, mit ihrer Berechnung den Verlauf der **Stundenlöhne der Beschäftigten nach ihrer Lohnhöhe ermittelt zu haben**:

> „In der Zeit von 1995 bis 2010 galt: **je höher der Verdienst, desto besser war die Lohnentwicklung** (Abb. 1)"[29] und „Nun hatten **die Arbeitskräfte mit mittleren Löhnen** das Nachsehen: sie kamen zwar nicht auf reale Einbußen, aber nur zu einem **unterdurchschnittlichen Lohnanstieg**"[30] (Hervorhebung H.G).

In Wirklichkeit haben sie nur die zeitliche Entwicklung der Mediane der Höhe des Stundenlohnes in den einzelnen Dezilen errechnet. Um es nochmals hervorzuheben: Die zitierten Aussagen beschreiben nicht die Entwicklung der Mediane in den einzelnen Dezilen, sondern die Entwicklung der **Stundenlöhne der Arbeitskräfte nach Lohnhöhe**. Und das ist ein gewaltiger Unterschied.

Zur Begründung: Das DIW hat für die einzelnen Jahre die Höhe der Stundenlöhne aller im jeweiligen Jahr Befragten aufgelistet, nach Lohnhöhe sortiert und in Dezile gruppiert. Dann wurden die Mediane für die einzelnen Dezile ermittelt.

---

[28] Bundeswirtschaftsministerium, Fakten- und Argumentationsblatt, das Anne Will und Pressevertreter und in Auszügen auf Anforderung auch der Verfasser erhalten haben.
[29] Brenke und Kritikos, Niedrige Stundenverdienste ..., S. 410.
[30] Ebenda.

Nehmen wir nun dazu ein **fiktives** Beispiel: Unterstellt wird, dass

➢ die Höhe der Stundenlöhne **aller** Beschäftigten, also der Vollzeitbeschäftigten, Teilzeitbeschäftigten und Beschäftigten mit geringfügiger Arbeitszeit, von Jahr 1 auf Jahr 2 **konstant** bleibt,

➢ von Jahr 1 auf Jahr 2 der **Anteil** der **Teilzeitbeschäftigten** und **Beschäftigten mit geringfügiger Arbeitszeit** an der Gesamtzahl aller Beschäftigte **zunimmt**,

➢ im untersten Dezil **überwiegend** die Stundenlöhne von **Teilzeitbeschäftigten** aufgelistet sind, deren Höhe mehr oder weniger um unterstellte 8 € schwankt. **Am oberen Rand** des Dezils sind die Stundenlöhne von **Vollzeitbeschäftigten** eingeordnet, deren Höhe mehr oder weniger um unterstellte 13 € variiert. Der durchschnittliche Stundenlohn[31] im untersten Dezil, also der 10 % der Beschäftigten mit den niedrigsten Löhnen, beträgt im Jahr 1 9,20 €.

Nun kommen im Jahr 2 wegen der steigenden Teilzeitquote zusätzliche Teilzeitbeschäftigte in das unterste Dezil und verdrängen Vollzeitbeschäftigte des oberen Randes in das nächst höhere Dezil. Der **Durchschnittslohn** im untersten Dezil **sinkt** auf 8,70 €. Obwohl die Höhe der **Stundenlöhne** aller Beschäftigten **unverändert** geblieben ist. Allein die größere Teilzeitquote hat den Durchschnittslohn nach unten gedrückt. Hier wirkt – diesmal auf das Dezil bezogen – derselbe Teilzeiteffekt,

---

[31] Zum leichteren Verständnis wurde der Durchschnitt und nicht der Median gewählt. Im zeitlichen Ablauf macht dies kaum einen Unterschied. Siehe z.B. die Tabelle 1 des DIW, in der für die jahresdurchschnittliche Veränderung der Stundenlöhne insgesamt sowohl für den Median als auch für den Durchschnitt eine Wachstumsrate von 0,1 % ermittelt wurde.

den wir in unserer Modellrechnung (Tabelle 3) für die Löhne insgesamt ausführlich dargestellt haben. In der nächst höheren Gruppe (2. Dezil) **sinkt** der Durchschnittslohn ebenfalls, jedoch **abgeschwächter**, zum einen wegen des geringen Anteils der zugewanderten Vollzeitbeschäftigten, vor allem aber, weil die neu angekommenen Vollzeitbeschäftigten eine ähnliche Lohnhöhe haben wie die dort bereits vermehrt eingereihten anderen Vollzeitbeschäftigten. Im untersten Dezil war der Unterschied der Löhne der Vollzeitbeschäftigten zu den Teilzeitbeschäftigten höher. Da die Vollzeitbeschäftigten das unterste Dezil verlassen haben und Teilzeitbeschäftigte nachgerückt sind, sinkt dort der Durchschnittslohn stärker als im 2. Dezil.

Richtig ist also die Aussage: Der Durchschnittslohn des untersten Dezils im Jahr 2, also der 10 % der Beschäftigten mit den niedrigsten Löhnen, ist geringer als der Durchschnittslohn derjenigen 10 % der Beschäftigten, die im Jahr 1 die niedrigsten Löhne erhalten hatten.

Falsch ist die Aussage: Der Stundenlohn der 10 % der Beschäftigten mit den niedrigsten Löhnen ist **gesunken**.

Und genau hier liegt die Fehlinterpretation der DIW-Autoren.

Falsch wäre es auch, aus dem Rückgang des Durchschnittslohns im 2. Dezil, der geringer ist als im 1. Dezil, zu folgern: Die Löhne der Beschäftigten mit den höheren Verdiensten haben sich besser entwickelt als die der Beschäftigten mit den niedrigsten Löhnen. Und auch diesen falschen Schluss ziehen die DIW-Autoren.

Richtig ist vielmehr die Feststellung: Der Durchschnittslohn der Beschäftigten, die im Jahr 2 im 2. Dezil eingeordnet sind, ist kleiner als der Durchschnittslohn der Beschäftigten, die im Jahr 1 im 2. Dezil eingeordnet waren. Seine negative Veränderungsrate ist jedoch geringer als die entsprechende

Veränderungsrate des Durchschnittslohns im untersten Dezil. Insofern hat sich der Durchschnittslohn im 2. Dezil (relativ) **besser entwickelt** als der des untersten Dezils.

Halten wir fest: Der Rückgang der Durchschnittswerte der beiden Dezile wurde – bei Konstanz aller Löhne – **allein** durch ihre Besetzung mit einer veränderten Arbeitnehmerstruktur (Teilzeitquote) verursacht.

Hier liegt, wie oben schon angemerkt, derselbe Teilzeiteffekt vor, den wir im Modellbeispiel in unserer Tabelle 3 vorgerechnet haben, nur diesmal bezogen auf die Dezile.

Wegen der fehlenden Teilzeitbereinigung überrascht den Verfasser nicht, dass im Ergebnis des DIW der Rückgang (jahresdurchschnittliche Veränderungsrate im Zeitraum 1995 bis 2015) des Durchschnittslohns im untersten Dezil mit –0,6 % am stärksten ist, sich bis zum 5. Dezil kontinuierlich auf 0,0 % abschwächt und sich dann bis zum 9. Dezil in einen kontinuierlichen Zuwachs bis +0,5 % umwandelt. Mitursache ist, dass im Laufe der Jahre 1995 bis 2015 immer mehr Teilzeitbeschäftigte und Beschäftigte mit geringfügiger Arbeitszeit am stärksten im untersten Dezil vertreten waren. Auch in den aufsteigenden Dezilen bis zum 4. Dezil (die oft genannten 40 %) wird die Besetzungshäufigkeit mit Teilzeitbeschäftigten im Laufe der Jahre, wenn auch von Dezil zu Dezil nach oben abgeschwächt, zugenommen haben. Die oberen Gruppen werden kaum vom Teilzeiteffekt betroffen und gedämpft, sodass sich dort die tatsächlich stattfindende Reallohnerhöhung in positiven Zuwachsraten niederschlägt.

Im Übrigen: Dass bei Brenke und Kritikos die einzelnen Lohnhöhen ab 2010 gleichmäßiger verlaufen, liegt unter anderem an der deutlichen Verlangsamung des rasanten Tempos des Anstiegs der Teilzeitquote (Tabelle 2).

Dies gilt auch generell: Da sich in den letzten sechs Jahren die Teilzeitquote nicht mehr wesentlich ausweitete, hat ihr dämpfender Einfluss auf den Durchschnittslohn nach den VGR deutlich an Gewicht verloren. Eine Bereinigung ist auch gar nicht mehr notwendig, da seit 2007 ein richtiger Index der Realverdienste vorliegt.

IV.2 Studie des Instituts für Arbeit und Qualifikation

Genau denselben Fehler wie Brenke und Kritikos begingen zu einem früheren Zeitpunkt die Autoren Gerhard Bosch, Thomas Kalina und Claudia Weinkopf.[32] Auch sie interpretieren die Ergebnisse ihrer Berechnungen falsch und verwechseln und vermischen Entwicklung der Stundenlohnhöhe nach Lohnstufen mit dem Verlauf der Stundenlohnhöhe nach Quintilen.

Sie begeben sich in die statistische Parallelwelt des SOEP, in der, wie bereits beschrieben, eine erheblich schwächere gesamtwirtschaftliche Stundenlohnentwicklung regiert als in den offiziellen Volkswirtschaftlichen Gesamtrechnungen. Das trifft insbesondere für die Jahre bis 2012 zu, wo ihre Untersuchung endet. Es fehlen die relativ guten Lohnjahre bis 2016. Sie verwenden das SOEP, das den „Vorteil hat, dass wir im Unterschied zu anderen Auswertungen auch die über 10 Millionen Teilzeitbeschäftigten und Minijobber/innen in die Auswertung einbeziehen können ..."[33] Hier muss darauf hingewiesen werden, dass die Volkswirtschaftlichen Gesamtrechnungen des Statistischen Bundesamtes und der Statistischen Landesämter ebenfalls alle Beschäftigten einbeziehen. Aus nachfolgenden Zitaten lässt sich die Entwicklung des Stun-

---

[32] Gerhard Bosch, Thorsten Kalina, Claudia Weinkopf, 25 Jahre nach dem Mauerfall, Institut für Arbeit und Qualifikation. IAQ-Report 5/2014.
[33] Bosch, Kalina und Weinkopf, 25 Jahre ..., S. 2.

denlohnes von 1995 bis 2012 der Beschäftigten nach Lohnstufen herauslesen:

> „Nur bei mittleren und höheren Löhnen in Ostdeutschland konnten Reallohnsteigerungen verbucht werden. Im Westen hingegen hat sich in allen untersuchten Lohngruppen die Kaufkraft verringert."[34] Und: „... ein Lohnverfall im Westen vor allem bei den unteren Stundenlöhnen."[35]

Ihre Berechnungen zeigen allerdings nur die Entwicklung der Stundenlohnhöhe in den einzelnen Quintilen. Und das ist etwas ganz anderes. Wenn z.B. der reale Stundenlohn (Median) im untersten Quintil in 2012 real niedriger ist als im Jahr 1995, dann bedeutet dies nur – und nur dieses –, dass die Beschäftigten, die in 2012 im untersten Quintil erfasst wurden, einen real niedrigeren Stundenlohn bekamen als die Beschäftigten, die im Jahre 1995 das unterste Quintil besetzten. Wegen des Vordringens der Teilzeitbeschäftigung und des Niedriglohnsektors mit ihren niedrigen Stundenlöhnen ist das unterste Quintil im Jahr 2012 zum großen Teil mit anderen Beschäftigten (andere Arbeitnehmerstruktur) besetzt als 1995, als es noch nicht so viele Niedriglöhner gab. Der Rückgang der Höhe des realen Stundenlohnes in den Quintilen kann deshalb selbst dann auftreten, wenn die realen Stundenlöhne **aller** Beschäftigten erhöht worden sind – bei den Niedriglöhnern eben von einem niedrigeren Niveau aus, wie unsere Modellrechnung (Tabelle 3) nachweist.

Bedauerlicherweise ist der Anteil der Niedriglöhner gewachsen. Das heißt allerdings nicht, dass die Stundenlöhne nach Lohnstufen gefallen sein müssen.

Die gewerkschaftliche Tarifpolitik zielt auf Lohnerhöhungen nach Lohnstufen ab. Die Gewerkschaften, die Betriebs-

---

[34] Bosch, Kalina und Weinkopf, 25 Jahre ..., S. 4.
[35] Ebenda, S. 11.

räte und die Arbeitnehmer werden nur in Ausnahmefällen zugelassen haben, dass die Arbeitnehmer in den unteren Lohnstufen bei Lohnerhöhungen schlechter gestellt worden sind als die besser verdienenden. Gesamtwirtschaftliche Ergebnisse liegen dazu nicht vor. Bosch, Kalina und Weinkopf konnten dies auch nicht leisten.

Fazit: Mit ihrem fahrlässigen Umgang mit den statistischen Daten haben die IAQ-Autoren mit zum Mythos einer jahrzehntelangen Reallohnstagnation bzw. -verringerung beigetragen. Eine statistisch-methodisch richtige Aussage über die Entwicklung der Löhne der **einzelnen Lohngruppen** lässt sich nur treffen, wenn die Beschäftigungs-, Qualifikations- und die Branchenstruktur des Dezils indexmäßig von einem Jahr zum anderen (z.B. wie bei einem Laspeyres-Kettenindex) konstant gehalten würde. Dies hat die Studie des DIW und bisher auch noch keine andere Untersuchung geleistet.

Die Furore machende DIW-Studie bildet nämlich lange Stundenlohn-Zeitreihen aus Größen (hier: Dezile), deren Zusammensetzung (hier: Arbeitnehmerstruktur) sich Jahr für Jahr gewandelt hat, und zwar hinsichtlich Teilzeitquote, Branchenstruktur, Verhältnis von Männer- zu Frauenanteil und Qualifikationsstruktur der Beschäftigten.[36] Aus Daten, deren Zusammensetzung sich ständig ändert, lässt sich keine statistisch-methodisch richtige Zeitreihe bilden. Allein schon deswegen sind die Ergebnisse des DIW über die Entwicklung der Stundenlöhne der Beschäftigten nach einzelnen Lohnhöhen falsch. Außerdem ist, wie bereits dargestellt, die Zeitreihe des Stundenlohns insgesamt fragwürdig.

---

[36] Wegen der großen Bedeutung dieser Feststellung hat der Verfasser sich dies in einem Telefongespräch mit dem Hauptzuständigen für die Einkommensrechnung nach SOEP, Markus Grabka, im September 2017 bestätigen lassen.

V. Die tatsächliche Entwicklung der realen Stundenlöhne

In Tabelle 5 sind verschiedene Zeitreihen des tatsächlichen Verlaufs der realen Stundenlöhne angegeben.

Danach haben die unbereinigten gezahlten (effektiven) Löhne je geleisteter Stunde von 1990 auf 2015 um 24,2 % zugelegt (VGR). Der Zuwachs von 1995 bis 2015 beträgt 12,6 %. Die Löhne je bezahlter Stunde expandierten von 1990 bis 2015 um 26,7 %, wobei wir das bezahlte Arbeitsvolumen aus den Arbeitszeit-Komponenten des IAB errechnet haben. Beide Reihen sind teilzeitverzerrt, allerdings nicht so stark wie die bereits weiter oben analysierte Zeitreihe der Verdienste (Stundenlohn mal geleisteter Arbeitszeit). Da die Höhe des Stundenlohns der Teilzeitbeschäftigten knapp drei Viertel[37] der Höhe der Vollzeitbeschäftigten erreicht, während ihre Verdienste wegen der kürzeren Arbeitszeit nur gut ein Drittel betragen,

---

[37] Diese Höhe mag überraschen. Jedoch ist zu bedenken, dass in vielen Fällen, z.B. im Öffentlichen Dienst, wo 40 % aller Teilzeitbeschäftigten arbeiten, und bei großen Unternehmen aus tarifrechtlichen Gründen dieselben Stundenverdienste wie bei den Vollzeitbeschäftigten bezahlt werden (müssen). Andererseits arbeiten Teilzeitbeschäftigte oft in Wirtschaftszweigen und in Lohn- und Gehaltsgruppen, deren Stundenlöhne unter dem Durchschnitt liegen.

ist der Verzerrungseffekt bei den Stundenlöhnen deutlich geringer als bei den Verdiensten. Teilzeitbereinigt klettern dann die Löhne je bezahlter Stunde um 29,6% und kommen in die Nähe des Bundesbankindex, nach dem sich ein realer Zuwachs von 31,9% errechnen lässt.

Die DIW-Studie konstatiert für die realen Stundenlöhne von 1995 bis 2015 nur eine Zunahme von 2%, die von allen Reihen der Tabelle 5 mit Zuwächsen von 12,5% bis 15,3% weit übertroffen wurde. Wie erwähnt bestehen somit bisher unvereinbare statistische Parallelwelten, die bisher unangefochten blieben.

VI. Sahra Wagenknecht: 20 Jahre ohne geringsten Wohlstandseffekt für die Beschäftigten – in den Hungerlohnsektoren Löhne wie in den ersten Trümmerjahren

Auch Sahra Wagenknecht hat zum Mythos einer jahrzehntelangen Reallohnstagnation nicht unwesentlich beigetragen. Sie schrieb in ihrem Buch „Freiheit statt Kapitalismus":

> „Der durchschnittliche reale **Netto**verdienst eines Beschäftigten in Deutschland lag 2006, mitten im Aufschwung, auf dem Niveau von 1986. **Zwanzig Jahre** Wirtschaftsentwicklung sind an den Beschäftigten **ohne den geringsten Wohlstandseffekt** vorbeigegangen. Genauer: Sie haben ihn wieder verloren."[38] Und: „**Im unteren Bereich**, in den Hungerlohnsektoren, werden **Reallöhne** gezahlt, **wie** sie es in der Geschichte der Bundesrepublik **allenfalls in den ersten Trümmerjahren** gab."[39] (Hervorhebung H.G.)

---

[38] Sahra Wagenknecht, Freiheit statt Kapitalismus, 2. Auflage 2012, S. 172 und 1. Auflage, 2011, S. 139.

[39] Ebenda, S. 172 bzw. S. 139.

Auch diesen Aussagen fehlt jeder Realitätsbezug. Wir werden sie getrennt unter die statistische Lupe nehmen.

VI.1 20 Jahre ohne den geringsten Wohlstandseffekt für die Arbeitnehmer?

Die reale Nettolohnsumme (Nettoverdienst) je Beschäftigten hat von 1986 auf 2006 zwar nicht stagniert, allerdings nur um magere 2,9 % zugenommen. Dieses Ergebnis scheint Wagenknechts Aussage annähernd zu bestätigen.

Jedoch stammt dieses Ergebnis aus den **nicht teilzeitbereinigten** Zahlen der VGR, was, wie wir gesehen haben, einen gewaltigen Unterschied zu den bereinigten Zahlen ausmacht. Außerdem beziehen sie sich auf die **Netto**verdienste und nicht auf die **Brutto**verdienste, aus denen die Arbeitnehmer einen wichtigen Teil ihrer sozialen Absicherung (Arbeitnehmer- und Arbeitgeberbeiträge zur Sozialversicherung) bezahlen. Auch ist in den Abzügen die Lohnsteuer enthalten, die die Staatsausgaben mitfinanziert, die ebenfalls dem Wohlstand der Arbeitnehmer dienen.

VI.1.1 Bruttoverdienste sagen mehr aus als Nettoverdienste

Mit ihrer alleinigen Betrachtung der Nettoverdienste als Messlatte ihres „Wohlstandseffektes" segelt Wagenknecht im Fahrwasser der Neoliberalen. So legt z.B. der Bund der (reichen)

Steuerzahler[40] der Bevölkerung die Nettobetrachtung nahe, indem er jährlich medienwirksam einen Steuerzahlergedenktag ausruft.

So heißt es in seiner Pressemeldung vom 7. Juli 2014:

„Am Dienstag, 8. Juli, ist Steuerzahlergedenktag. Exakt ab 1:09 Uhr arbeiten die Bundesbürger wieder für ihr eigenes Portemonnaie. Das gesamte Einkommen, das die Steuer- und Beitragszahler vor diesem Datum erwirtschaftet haben, wurde rein rechnerisch an den Staat abgeführt."

Der Bund der „Steuerzahler" zieht bemerkenswerterweise auch die Sozialversicherungsbeiträge der Arbeitnehmer und Arbeitgeber mit ein und rechnet damit die den Arbeitnehmern gehörenden und ihrer Selbstverwaltung unterstehenden Gelder der Kranken-, Pflege-, Arbeitslosen- und Rentenversicherung fälschlich dem Staat zu. Auch das Arbeitgeberinstitut, das sog. „Institut der Wirtschaft", wird nicht müde, immer wieder gegen das Kaufkraftargument der Gewerkschaften vorzurechnen, was von einer Bruttolohnerhöhung netto an Lohn übrig bleibt.

Für die Arbeitnehmer sind die Sozialversicherungsbeiträge kein verlorenes Geld. Vielmehr gehören diese Ausgaben für ihren Schutz vor Krankheits- und Pflegekosten sowie für ihre Rente sicherlich neben dem Aufwand für Ernährung, Kleidung

---

[40] Der Bund der Steuerzahler wird vornehmlich finanziert von gutverdienenden Freiberuflern und Unternehmen. Er nennt sich zu Unrecht größter Steuerzahlerbund Europas, denn der DGB vertritt rd. dreißigmal so viele Steuerzahler. Die Steuervorschläge des Bunds der Steuerzahler sind nicht demokratisch fundiert, sondern werden allein von einem Präsidium gefasst. Im Gegensatz dazu führt der DGB – wie die Parteien – die Willensbildung seiner Mitglieder demokratisch über Anträge und Vorschläge von der Kreis- über die Landes- zur Bundesebene durch.

und Wohnen zu den elementarsten und notwendigsten Ausgaben der Arbeitnehmer. Sie werden aus den Bruttolöhnen bzw. aus dem Arbeitnehmerentgelt (Bruttolöhne plus gesetzliche Arbeitgeberbeiträge zur Sozialversicherung) bestritten. Je höher dieser Bruttoverdienst ist, umso höher ist später die Rente und umso besser ist die finanzielle Lage und Leistungsfähigkeit der Kranken- und Pflegekassen mit positiven Rückwirkungen auf die Beitragssätze. Insofern müssen bei der Beurteilung des „Wohlstandseffektes" unbedingt der **Brutto**lohn und die für die Arbeitnehmer gezahlten Arbeitgeberbeiträge zur Sozialversicherung (insgesamt das sog. **Arbeitnehmerentgelt**) einbezogen werden.

Auch die **Lohnsteuer** ist kein verlorenes Geld. Denn die Bezieher unterer und mittlerer Einkommen sind interessiert an einem finanzkräftigen Staat, der ihnen die vielfältigen Leistungen und öffentlichen Einrichtungen zur Daseinsfürsorge und Lebensgestaltung bietet. Nur die Reichen können gut mit einem armen Staat leben. Sie benötigen im Wesentlichen nur äußeren (Militär) und inneren (Polizei) Schutz, Umweltschutz, Straßenbau, Kanalisation u.ä. und eine Rechtsordnung (Gerichtsbarkeit), die Leben und Eigentum schützt. Viele andere öffentliche Güter und Dienstleistungen, z.B. von Kindergarten über Schule bis Studium, Kultureinrichtungen, vom Gesundheitswesen (Krankenversicherung) bis zur Altersversorgung und -betreuung, könnten sie sich auch privat kaufen.

Die Arbeitnehmer sind hingegen an einem Staat interessiert, der finanziell in der Lage ist, ihnen die benötigten gemeinschaftlichen Güter und Leistungen zur Verfügung zu stellen. Sie sehen deshalb ein, dass sie zur Finanzierung mit der aus den Bruttolöhnen gezahlten Lohnsteuer beitragen müssen, auch wenn sie wissen, dass das Steuersystem in vielen Punkten gerechter gestaltet werden müsste, wie es konkret die Gewerkschaften und manche Parteien fordern.

Aber die Arbeitnehmer wissen auch, dass selbst, wenn alle Maßnahmen zur Verbesserung der Steuergerechtigkeit durchgesetzt würden, der größte Teil des Steueraufkommens von den Arbeitnehmern und Rentnern, die 90 % der Bevölkerung bilden, getragen werden muss. Die Arbeitnehmer haben nicht das Gefühl, dass sie ihre Lohnsteuer einem Moloch Staat opfern müssen, der alles verschlingt. Sie wissen, dass die Lohnsteuer ein Teil ihres Arbeitseinkommens (Arbeitnehmerentgelt) ist und dem Staat zusteht. Der Staat hat damit z.B. die Infrastruktur weiter ausgebaut. Neubau und Instandhaltung von Kindergärten, Schulen, Universitäten, Straßen, Sport- und Kulturstätten, Umweltschutzanlagen und vieles mehr haben zur Verbesserung der Lebensqualität beigetragen Auch die Ausgaben für Soziales haben sich verbessert. Dies alles hat für die Arbeitnehmer durchaus einen „Wohlstandseffekt" und darf nicht, wie Wagenknecht dies tut, übersehen werden.

Schauen wir nunmehr auf diese Bruttogrößen (Tabelle 6 und Schaubild dazu). Die Zahlen entstammen der VGR und sind noch nicht teilzeitbereinigt.

Aber auch so sprechen sie für sich und bedürfen keines weiteren Kommentars: Von 1986 bis 2006 haben die realen Arbeitnehmerentgelte je Beschäftigten bzw. je Beschäftigtenstunde um 10,8 % bzw. 28,8 % zugenommen.[41]

---

[41] Zahlenstand 2012, der auch Wagenknecht vorlag.

VI. Wagenknechts Hungerlöhne

Tabelle 6: Zuwachs der **realen** Verdienste[1] 1986-2006 in % **unbereinigt** vom Effekt stark gestiegener Teilzeitarbeit

1	2	3
realer Nettoverdienst je Beschäftigen 2,9 %	realer Nettoverdienst je geleisteter Stunde 20,3 %	gesamtwirtschaftl. reale Nettoverdienstsumme 12,2 %
realer Bruttoverdienst je Beschäftigten 8,4 %	realer Bruttoverdienst je geleisteter Stunde 27,0 %	reale Bruttoverdienstsumme 20,3 %
reales Arbeitnehmerentgelt je Beschäftigten 10,0 %	reales Arbeitnehmerentgelt je geleisteter Stunde 28,8 %	reale Arbeitnehmerentgeltsumme 22,0 %

[1] Löhne und Gehälter einschl. Bezüge der Beamten. Das Arbeitnehmerentgelt ist der Bruttoverdienst plus Arbeitgeberbeiträge zur Sozialversicherung.

Quelle: Eigene Berechnungen nach Angaben des Statistischen Bundesamtes, Volkswirtschaftliche Gesamtrechnungen, Lange Reihe ab 1970 und Verbraucherpreisindex, Lange Reihe ab 1948.

Schaubild zur Tabelle 6: Entwicklung der Realverdienste 1986-2006[1] nach VGR, **unbereinigt** von stark gestiegener Teilzeitarbeit

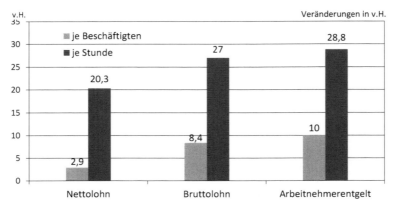

[1] 1986 bis 1991 Westdeutschland, ab 1991 Deutschland
Quelle: Nach Angaben des Statistischen Bundesamtes.

VI.1.2 Nach Teilzeitbereinigung starker Zuwachs der Reallöhne

Betreten wir nun wieder unsere Hauptkampfarena. Die Ergebnisse der Tabelle 6 müssen noch vom Teilzeiteffekt befreit werden. Nach den ausführlichen Darlegungen weiter oben können wir uns kurz fassen.

Tabelle 7 und das Schaubild dazu zeigen eine Zunahme selbst der realen Nettoverdienste je Beschäftigten von 20,2 %; das preisbereinigte Arbeitnehmerentgelt je Beschäftigten hat sogar um 28,7 % zugelegt.

Auch diese deutlichen Zuwächse bedürfen keines weiteren Kommentars. Sie widerlegen Wagenknechts Aussagen „ohne den geringsten Wohlstandseffekt" eindrucksvoll.

Tabelle 7: Zuwachs der teilzeitbereinigten Realverdienste 1986 bis 2006

	Nettolohn	Bruttolohn	Arbeitnehmerentgelt
unbereinigt (VGR)	2,9 %	8,4 %	10,0 %
teilzeitbereinigt	20,2 %	27,0 %	28,7 %

Quelle: Eigene Berechnungen nach Angaben des Statistischen Bundesamtes und des IAB.

Schaubild zur Tabelle 7: Realer Zuwachs der Verdienste 1986 bis 2006[1]

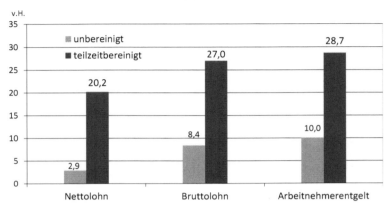

[1] Lohnsumme je Beschäftigten

Quelle: Eigene Berechnungen nach Angaben des Statistischen Bundesamtes und des IAB.

VI.2 Heute in allen Sektoren weit bessere Löhne als in den Trümmerjahren

Wagenknecht behauptet ohne jeglichen Zahlennachweis, im unteren Bereich, in den „Hungerlohnsektoren", würden Reallöhne gezahlt, wie es sie in der Geschichte der Bundesrepublik allenfalls in den ersten Trümmerjahren gegeben habe.

Zunächst einmal stellt sich die Frage, was Wagenknecht wohl unter „Hungerlohnsektoren" versteht, d.h. bis zu welchem Euro-Betrag sie Löhne als Hungerlöhne bezeichnet.

Vielleicht könnten Löhne unter 7,50€ gemeint sein. Im Jahre 2013, bei Erscheinen der 4. Auflage ihres Buches, lagen 4% aller tariflichen Vergütungsgruppen unter 7,50€[42], insbe-

---

[42] WSI Tarifarchiv, Informationen zur Tarifpolitik, Niedriglohn-Monitoring 2013, S. 4.

sondere in Ostdeutschland. Sie konzentrierten sich auf bestimmte Branchen. Unter 7,50 € Tariflohn lagen in der Landwirtschaft für die Saisonarbeitskräfte 100% aller Vergütungsgruppen, in der Floristik 83%, im Friseurhandwerk 39%, im Fleischerhandwerk 17%. Erfahrungsgemäß orientieren sich auch viele nicht-tariflich gebundene Unternehmen in diesen Branchen an diesen Lohnhöhen.

Selbstverständlich gab es auch die oft zitierten Löhne um die 4 € oder kriminell ausbeuterisch sogar darunter, meist für illegal Beschäftigte. Das sind jedoch Ausnahmen und Extremwerte, mit denen man seriös gesamtwirtschaftlich nicht argumentieren sollte.

Aber all diese Überlegungen zur Bestimmung der Höhe von derzeitigen Hungerlöhnen verflüchtigen sich sofort bei einem Blick auf die Tabellen 8 und 9 und auf die Tabellen 1 bis 4 im Anhang. Denn diese zeigen, dass die Löhne in den Jahren 1949/50 – in heutiger Kaufkraft gerechnet – erschreckend niedriger waren als jeder erdenkliche heutige Hungerlohn. Dabei sind die Jahre 1949/1950 noch nicht einmal die „ersten" Trümmerjahre, auf die Wagenknecht sich bezieht, denn nach der Währungsreform im Juni 1948 hatte bereits ein Aufschwung eingesetzt, viele Trümmer waren bereits weggeräumt.

In Tabelle 8 wird die durchschnittliche monatliche Bruttolohn- und -gehaltssumme für 1950 mit 243 DM angegeben. Umgerechnet in Euro (dividiert durch 1,95583) und inflationiert mit dem Verbraucherpreisindex (Anstieg von 1950 bis 2013 um 414,7%, der Inflationsfaktor beträgt also 5,147) wären dies 639 € in Kaufkraft von 2013. Bei einer monatlichen Stundenzahl von 209 Stunden (48-Stundenwoche mal 4,35 Wochen) war dies damals ein Stundenlohn von 1,16 DM. Seine Kaufkraft von 2013 würde 3,06 € betragen. Dieser Durchschnitt ist nicht durch Teilzeitbeschäftigte nach unten gedrückt, da es

1950 so gut wie keine Teilzeitbeschäftigten gab. Noch im Jahr 1960 lag ihr Anteil erst bei 3,2 %. Nicht berücksichtigt wurde dabei, dass zusätzlich zu den normalen 209 Arbeitsstunden noch viele unbezahlte Überstunden geleistet wurden, sodass der tatsächliche Stundenverdienst noch unter 3,06 € lag.

Tabelle 8: Löhne in 1950
(6-Tagewoche, 48 Std. und 2 Wochen Jahresurlaub)

	Bruttolohn- und -gehaltssumme je Beschäftigten	Nettolohn- und -gehaltssumme je Beschäftigten
in **DM** monatlich	243	213
in **Euro** monatlich	124	109
in Kaufkraft von **2013**	639	561
in DM **je Stunde**	1,16	1,02
in Euro **je Stunde**	0,59	0,52
in Kaufkraft von **2013**	3,06	2,68

Quelle: Nach Angaben des Statistischen Bundesamtes, Volkswirtschaftliche Gesamtrechnungen, Fachserie 18, Reihe S. 15, Revidierte Ergebnisse 1950 bis 1990, Wiesbaden 1991 (liegt nicht mehr elektronisch vor).

Es ist allgemein üblich, statistisch-methodisch richtig und alternativlos, zur Berechnung der heutigen Kaufkraft der damaligen Lohneinkommen den Verbraucherpreisindex heranzuziehen. Selbstverständlich war damals die Verbrauchsstruktur eine andere als heute. Bei der langen Zeitreihe des Verbraucherpreisindex wird deshalb die sich wandelnde Verbrauchsstruktur alle fünf Jahre angepasst. Auch Qualitätsverbesserungen von Produkten und das Auftreten neuer Güter (z.B. Fernsehgeräte) bekam das Statistische Bundesamt beim

Index methodisch in den Griff. Ergänzend kann bei Einzelpreisen zur Veranschaulichung der unterschiedlichen Kaufkraft auch berechnet werden, wie viele Stunden ein Arbeitnehmer zum Kauf eines bestimmten Produktes damals länger arbeiten musste als heute ein Hungerlöhner (Tabelle D.4 im Anhang). So musste der Durchschnittsverdiener damals für ein halbes Pfund Butter, ein halbes Pfund Fleisch oder 1 kg Äpfel jeweils etwas über 1 Stunde arbeiten. Jeder kann sich selbst ausrechnen, wie viel weniger an Zeit heute für einzelne Produkte – selbst bei einem „Hungerlohn" – gearbeitet werden muss.

Das Ergebnis von Tabelle 8 wird auch bestätigt durch Angaben der Rentenversicherung für das Jahr 1949. Danach betrug der durchschnittliche Jahres-Bruttoverdienst 2838 DM[43] = 237 DM mtl. = 1,13 DM je Stunde. Umgerechnet in Euro und inflationiert[44] mit der Preisentwicklung von 1949 bis 2013 errechnet sich dann als Kaufkraft für 2013 ein Monatsverdienst von 584 € und ein Stundenlohn von 2,79 Euro.

Das alles sind gesamtwirtschaftliche **Durchschnittswerte**. In manchen Branchen, für manche beruflichen Qualifikationen wurden deutlich darunterliegende Löhne gezahlt. So erhielt eine Hilfsarbeiterin in der Industrie einen effektiven Stundenlohn von 1,96 € in heutiger Kaufkraft (Tabelle 9). Im Jahr 1951 erhielt eine gelernte Landarbeiterin 1,48 € in heutiger Kaufkraft und ein lediger Postbote in der Anfangsstufe 2,39 € (Tabelle D.2 im Anhang)

---

[43] Wikipedia, Durchschnittsentgelt.
[44] Zu beachten ist, dass der Inflator für den Zeitraum 1949 bis 2013 kleiner ist als der von 1950 bis 2013, da im Jahre 1950 wegen der starken Produktivitätssteigerungen der Preisindex um 6,4 % fiel.

Tabelle 9: Tarifliche Stundenlöhne der höchsten tarifmäßigen Altersstufe im **Mai 1949 in Euro**[1]

	Männer						Frauen						gesamt	
	Facharbeiter		Angelernte		Hilfsarbeiter		alle Arbeiter		Facharbeiterinnen und Angelernte		Hilfsarbeiterinnen		alle Arbeiterinnen		männl. und weibl. Arbeiter
	1949	in Kaufkraft v. 2013[2]	1949	in Kaufkraft v. 2013[2]	1949	in Kaufkraft v. 2013[2]	1949	in Kaufkraft v. 2013[2]	1949	in Kaufkraft v. 2013[2]	1949	in Kaufkraft v. 2013[2]	1949	in Kaufkraft v. 2013[2]	1949	in Kaufkraft v. 2013[2]
Tariflohn																
Industrie insgesamt	**0,59**	2,85	**0,51**	2,43	**0,50**	2,39	**0,55**	2,63	**0,38**	1,81	**0,33**	1,61	0,36	1,72	0,51	2,45
darunter: Textilindustrie	0,48	2,33	0,44	2,14	0,41	1,97	0,45	2,19	0,36	1,75	0,32	1,54	0,35	1,68	0,39	1,90
Kunststoff verarbeitende Industrie	0,54	2,62	0,48	2,32	0,42	2,04	0,49	2,36	0,35	1,69	0,30	1,46	0,32	1,56	0,42	2,04
Nahrungs- u. Genussmittelindustrie	0,53	2,58	0,48	2,30	0,45	2,17	0,50	2,39	0,37	1,81	0,31	1,50	0,32	1,55	0,43	2,05
Tatsächlich gezahlte Stundenlöhne im März 1949																
Industrie insgesamt	**0,69**	3,32	**0,64**	3,10	**0,55**	2,64	**0,65**	3,11	**0,46**	2,22	**0,41**	1,96	0,44	2,12	0,63	3,04
darunter: Textilindustrie							0,53	2,54					0,41	1,98	0,46	2,22
Kunststoff verarbeitende Industrie							0,58	2,81					0,37	1,78	0,50	2,39
Nahrungs- u. Genussmittelindustrie							0,57	2,76					0,35	1,68	0,46	2,21

[1] DM-Beträge umgerechnet in Euro, d.h. dividiert durch 1,95583. Um auf die ursprünglichen DM-Beträge zu kommen, muss mit diesem Faktor multipliziert werden. Zum Beispiel Durchschnitt aller Industriearbeiterinnen: 0,36 € mal 1,95583 = 0,70 DM, in Kaufkraft von 2013 = 1,72 €.

[2] Inflationiert mit Faktor 4,819, da der Verbraucherpreisindex von 1949 bis 2013 um 381,9 % angestiegen ist. Beachte: Ein Anstieg des Index um 100 % bedeutet eine Verdoppelung des Ausgangswertes, ein Anstieg um 300 % eine Vervierfachung.

Quelle: Statistisches Bundesamt, Statistisches Jahrbuch 1952, S. 412 ff.

Alle Zahlen der Tabellen gelten für die Jahre **nach** den ersten Trümmerjahren und widersprechen Wagenknechts Behauptung von heutigen Hungerlöhnen auf damaligem Niveau. Sie bedürfen keines weiteren Kommentars.

Die damaligen niedrigen Löhne werfen abschließend allerdings die Frage auf, wie die Bevölkerung mit solch geringen Lohneinkommen ihren Lebensunterhalt bestreiten konnte. Nur wer es damals miterlebt hat – wie der Verfasser –, weiß, unter welch ärmlichen und notdürftigen Verhältnissen die Bevölkerung in den Trümmerjahren lebte.

Hervorstechend waren die sehr beengten, heute kaum vorstellbaren Wohnverhältnisse. 4 Mio. Wohnungen waren zerstört. Dazu kamen bis 1950 8,3 Mio. Flüchtlinge und Vertriebene in die Bundesrepublik. Viele Familien mit Kindern wohnten in ein, zwei kleinen, dürftig ausgestatteten Zimmern, oft als Untermieter. Viele lebten in Holzbaracken. Entsprechend gering waren im Vergleich zu heute die Ausgaben für Wohnraum. Noch im Jahre 1950 fuhr nur ein Fünftel der Bevölkerung in Urlaub, davon mehr als die Hälfte zu Verwandten aufs Land. Auslandsurlaube waren eine Rarität. Der Jahresurlaub, falls er überhaupt vollständig genommen wurde, betrug maximal 2 Wochen. Die Leute trugen einfache, oft umgeänderte oder selbstgenähte und gestrickte Kleidung. Das Essen war karg, Kartoffeln, Sauerkraut oder grüne Bohnen wurden eingelagert bzw. in Keramikkübeln eingestampft und konserviert. Obst wurde eingemacht; Beeren, Pilze und Nüsse wurden gesammelt. Kartoffeln, Brot und Mehl waren verhältnismäßig billig. Etwas Fleisch gab es, wenn überhaupt, nur sonntags. Bis Mai 1950 gab es noch für bestimmte Produkte Lebensmittelkarten und nicht selten Unterernährten-Karten. Elektrische Haushaltsgeräte wie Waschmaschinen, Kühlschränke oder Elektroherde waren so gut wie gar nicht vorhanden. Geheizt und gekocht wurde mit Holz oder Briketts von minderer Qualität. Privatautos waren äußerst selten. Fernsehgeräte unbekannt. Die ganze Nation hörte nur Radio. Als weitere Unterhaltung dominierten Bücher und preiswerte Besuche von Kinos und Sportveranstaltungen.

Fazit: Wer behauptet, in den Hungerlohnsektoren des Jahres 2012 (Erscheinungsjahr der 2. Auflage des Buches von Wagenknecht) würden Reallöhne gezahlt, wie es sie in der Bundesrepublik allenfalls in den ersten Trümmerjahren gab, irrt sich. Er verkennt – vorsichtig formuliert – die Lebenslage und die Lohnarmut der Generation, die unter großen Entbehrungen und harten Arbeitsbedingungen nach dem Krieg aus Trümmern die Wirtschaft wieder ins Rollen gebracht und auch in Ostdeutschland trotz schwerwiegender industrieller Demontage und anderer Kriegsentschädigungen an Russland einen beachtlichen Wiederaufbau geschafft hat.

Und er verkennt nicht zuletzt, dass diese Generation vor allem wegen der Durchsetzungskraft der Gewerkschaften, ihrer Betriebsräte und ihrer Mitglieder lohnmäßig am Wirtschaftswachstum teilhatte.

VII. Fazit

Als sicher kann gelten: Die realen Verdienste und Stundenlöhne der Arbeitnehmer sind seit 1990 bis heute erheblich stärker angestiegen, als das z.B. Fratzscher in seinem Buch „Verteilungskampf", eine DIW-Studie (Brenke/Kritikos), die Bundesregierung in ihrem 5. Armuts- und Reichtumsbericht, das Bundeswirtschaftsministerium und viele andere in allen Medien festgestellt oder aufgegriffen haben. Die realen Verdienste und Stundenlöhne haben nicht, wie oft geschrieben oder gesagt wird, über einen Zeitraum von 20 oder 25 Jahren stagniert.

Sicher ist allerdings nicht, ob der Verfasser die tatsächliche Lohnentwicklung genau getroffen hat, da er innerhalb seiner Berechnungen mit zwei kleinen Schätzungen arbeiten musste. Das Statistische Bundesamt beurteilte das Berechnungsverfahren zur Ausschaltung des verzerrenden Teilzeiteffekts als „Beitrag zum besseren Verständnis der Lohnentwicklung im Zeitablauf".

Die vielen Seminare und Abteilungen für methodische Statistik an den zahllosen Universitäten und Fachhochschulen, die vielen wirtschaftswissenschaftlichen Institute und die vielen statistischen Ämter und Regierungsstellen haben der Stagnationsthese bisher nicht widersprochen. Es wäre erfreulich, wenn von einigen dieser Stellen ebenfalls eigene Beiträge zur Zerstörung des Mythos kämen und Verbesserungsvorschläge, Ergänzungen oder andere Berechnungswege unterbreitet würden, was allerdings wegen des unzureichenden Datenmaterials sehr schwierig sein wird. Den Arbeitnehmern und ihren Gewerkschaften wäre damit sehr gedient.

Halten wir abschließend das Ergebnis unserer Analyse fest (Tabellen 4 und 5):

➤ Die realen Verdienste der Beschäftigten haben von 1990 bis 2015 um ungefähr 23 %, von 1995 bis 2015 um rd. 11 % zugenommen.

➤ Die realen Stundenlöhne sind von 1990 bis 2015 um ungefähr 30 %, von 1995 bis 2015 um rd. 15 % angestiegen.

➤ Die Feststellung, die Beschäftigten in den unteren 40 % an Lohnhöhe hätten reale Einbußen erlitten, ist falsch. Sie resultiert aus einem gravierenden statistisch-methodischen Fehler bei der Bildung der Zeitreihe. Es gibt keinen triftigen Grund, anzunehmen, die niedrigeren Löhne wären nicht ähnlich erhöht worden wie die Stundenlöhne insgesamt, zumal die Lohnpolitik der Gewerkschaften und der Betriebsräte (duale Lohnfindung) sehr darauf achtet, dass die unteren Löhne mindestens so stark angehoben werden wie die oberen. Eine Analyse der Tarifverdienste nach Lohn- und Gehaltsstufen könnte dies zumindest zu einem großen Teil bestätigen. Dabei soll allerdings nicht übersehen werden, dass manche unteren, nicht tarifgebundenen Löhne nicht kontinuierlich jährlich, sondern in größeren Zeitabständen und oft unterdurchschnittlich angehoben wurden.

VIII. Ausblick: Zur Ausschöpfung des Verteilungsspielraums

Der Mythos von der jahrzehntelangen Stagnation der Reallöhne ist entzaubert. Es verbleibt die Frage, wie sich die Löhne im Verhältnis zu den Kapitaleinkommen entwickelt haben. Fratzschers Abb. 5 suggeriert, die Reallöhne hätten bei weitem den Verteilungsspielraum nicht ausgeschöpft. Damit wird wiederum die Erfolgsbilanz der Gewerkschaften in Zweifel gezogen. Der Verfasser hat an anderer Stelle[45] ausführlich diese These widerlegt.

Wenn die gleichgewichtige Entwicklung von Arbeitseinkommen und Kapitaleinkommen als Maßstab für Verteilungsneutralität und volle Ausschöpfung des Verteilungsspielraums genommen wird, muss folgende Bedingungsgleichung[46] erfüllt sein:

---

[45] Hartmut Görgens, Zur Ausschöpfung des Verteilungsspielraums – Lohnformel und Verteilungsneutralität, Metropolis-Verlag, Marburg, 2. Auflage 2017. Die 2. Auflage der Studie liegt nur als Ebook vor und wurde ins Internet gestellt (http://www.metropolis-verlag.de/Zur-Ausschoepfung-des-Verteilungsspielraums/1059/book.do?pdf=1).

[46] Zur mathematischen Herleitung siehe Anhang B dieser Arbeit.

Wachstumsrate des Volkseinkommens je Erwerbstätigen(stunde) = Wachstumsrate des Arbeitnehmerentgelts je Beschäftigten(stunde)

Legt man diese Formel zugrunde, dann wurde von 1991 bis 2015 der Verteilungsspielraum zu 97,5 % ausgeschöpft. Von 2000 bis 2010 betrug die Ausschöpfungsquote nur 67,5 % (Tabelle 10 und Schaubild dazu). Somit sieht die Erfolgsbilanz auch bezüglich des Ausschöpfungsgrades für die Gewerkschaften gut aus.

Die Bedingungsgleichung lässt sich leicht in die mitunter verwendete Arbeitseinkommensquote umformen, deren Konstanz dann als verteilungsneutral gilt. Zu den Arbeitseinkommen wird darin wie üblich ein Unternehmer(stunden)lohn in Höhe des Arbeitnehmerentgeltes je Arbeitnehmer(stunde) hinzugerechnet.

Zur Beurteilung des Ausschöpfungsgrades wird oft die sog. Lohnformel verwendet, die in Fratzschers Abb. 5 ungenannt enthalten ist. Sie vergleicht die Entwicklung von Reallohn je Beschäftigten(stunde) mit der Produktivität (reales Bruttoinlandsprodukt je Erwerbstätigen(stunde)). Diese Lohnformel ist für die gewerkschaftliche Tarifpolitik in vielen Fällen nützlich und in manchen Wirtschaftsbereichen (z.B. für den öffentlichen Dienst) geradezu notwendig. Denn in vielen Tarifbranchen und -regionen ist oft keine bessere Alternative zur Grundorientierung für die Teilhabe der Arbeitnehmer am Wirtschaftswachstum vorhanden (z.B. öffentlicher Dienst, manche anderen Dienstleistungsbereiche, kleinere Unternehmen ohne Pflicht zur Veröffentlichung von Bilanzen, soweit diese überhaupt aussagefähig wären.[47]

---

[47] Weiteres dazu siehe H. Görgens, Sind die Löhne ..., S. 238 ff. und Derselbe, Zur Ausschöpfung ..., S. 62 ff.

VIII. Ausblick: Zur Ausschöpfung des Verteilungsspielraums

Tabelle 10: Ausschöpfung des Verteilungsspielraums im Zeitraum 1991 bis 2016: Nominalwerte

Jahr	Volkseinkommen je Erwerbstätigenstunde		Arbeitnehmerentgelt je Arbeitnehmerstunde		Ausschöpfung jährliche Abweichung (–) nicht ausgeschöpft (+) übertroffen	
	Veränd. in % Nominalwerte	1991 = 100	Veränd. in % Nominalwerte	1991 =100	in %-Punkten Nominalwerte	kumuliert
1991		100		100		0
1992	7,3	107,3	9,5	109,5	2,2	2,2
1993	4,5	112,1	6,0	116,1	1,5	3,7
1994	4,0	116,5	3,4	120,1	–0,6	3,1
1995	4,2	121,5	4,3	125,2	0,0	3,1
1996	2,5	124,6	2,4	128,2	–0,2	2,9
1997	2,4	127,6	1,7	130,4	–0,7	2,2
1998	1,2	129,1	1,5	132,3	0,3	2,5
1999	0,7	130,0	2,4	135,5	1,7	4,2
2000	1,9	132,4	3,2	139,8	1,3	5,5
2001	3,7	137,4	2,4	143,2	–1,3	4,2
2002	1,8	139,9	1,9	145,9	0,0	4,2
2003	1,9	142,5	2,0	148,8	0,1	4,3
2004	4,8	149,3	0,5	149,6	–4,2	0,1
2005	2,2	152,6	1,1	151,2	–1,1	–1,0
2006	3,6	158,1	–0,5	150,5	–4,1	–5,1
2007	2,1	161,5	0,7	151,6	–1,4	–6,5
2008	–0,2	161,3	2,6	155,5	2,8	–3,7
2009	–0,9	159,9	4,2	162,0	5,0	1,3
2010	3,9	166,1	1,0	163,6	–2,9	–1,6
2011	3,8	172,5	2,6	167,9	–1,2	–2,8
2012	1,5	175,0	3,6	174,0	2,2	–0,6
2013	2,7	179,8	2,6	178,4	–0,2	–0,8
2014	2,5	184,3	2,1	182,2	–0,3	–1,1
2015	2,8	189,5	2,5	186,8	–0,3	–1,4
2016	2,6	194,5	2,9	192,3	0,3	–1,1
2016/1991[1]	2,70		2,65		–0,05	
Ausschöpfungsquote[2] z.B.: 2016/1991 97,7% 2010/2000 66,7%						

[1] Durchschnittliche jährliche Veränderung; geometrisches Mittel
[2] Die Ausschöpfung**quote** errechnet sich aus dem Verhältnis der Veränderungsraten mal 100, z.B. 1991/2016: 92,3%/94,5% = 0,977 = 97,7%; oder 2000/2010: 17%/25,5% = 0,667 = 66,7%. Inländerkonzept: Das Inländerarbeitsvolumen = Inlandsvolumen mal Inländer zu Tätige im Inland.
Durch Weiterrechnen mit nichtgerundeten Zahlen sind Abweichungen in den Nachkomma-Stellen möglich.
Quelle: Eigene Berechnungen nach Angaben des Statistischen Bundesamtes.

74 VIII. Ausblick: Zur Ausschöpfung des Verteilungsspielraums

Schaubild zur Tabelle 10: Entwicklung von Volkseinkommen je Erwerbstätigenstunde und Arbeitnehmerentgelt je Arbeitnehmerstunde

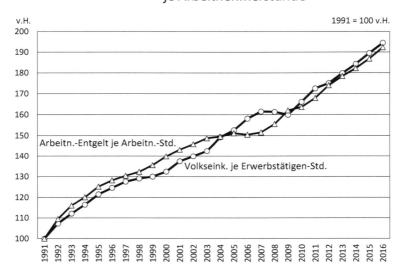

Oft kann man sich vereinfachend nur am erwarteten Wirtschaftswachstum (also ohne Berücksichtigung der Entwicklung des Arbeitsvolumens) und an der aktuellen Preisentwicklung orientieren. Selbstverständlich kommen dann noch viele andere Bestimmungsfaktoren hinzu, wie aktuelle allgemeine und branchenspezifische Wirtschaftslage, Umsatzerwartungen, Bewertung vergangener Tarifabschlüsse, Anlehnung an Tarifabschlüsse anderer Branchen und Regionen, die als Lohnführer angesehen werden, und viele branchenspezifische Besonderheiten, wie Organisationsgrad und Streikbereitschaft, beabsichtigte Manteltarifänderungen.

Über längere Zeiträume, wie z.B. von 1991 bis 2015, führt die Lohnformel und damit auch Fratzschers Abb. 5 zu einem falschen Ergebnis (Tabelle 11 und Schaubild dazu). Denn das scheinbar starke Auseinanderdriften von Reallohn- und Produktivitätsentwicklung im Zeitraum von 1991 bis 2015 ist verursacht durch zwei statistisch-methodische Fehler, die Fratzscher unterlaufen sind:

1. Reallohn und Produktivität werden mit zwei unterschiedlichen Preisindizes deflationiert, nämlich zum einen mit dem Index der Verbraucherpreise und zu anderen mit dem Index der Bruttoinlandspreise. Der Verbraucherpreisindex ist von 1991 bis 2015 mit 53 % stärker angestiegen als die Preise des Bruttoinlandsproduktes (42 %) und hat zur Schere wesentlich beigetragen, d.h. die nominalen Löhne wurden stärker deflationiert als die nominale Produktivität. Um den Einfluss dieser unterschiedlichen Indizes auszuschalten, müssen zur Verteilungsrechnung **Nominalwerte** herangezogen werden.

2. Das Bruttoinlandsprodukt eignet sich nicht unmittelbar zur Verteilungsrechnung, denn es enthält noch die indirekten Steuern, die Abschreibungen sowie den Saldo von empfangenen und geleisteten Einkommen mit der übrigen Welt. Erst nach deren Abzug steht das Volkseinkommen zur Verteilung an. Das nominale Bruttoinlandsprodukt wuchs von 1991 bis 2015 stärker (nominal +92 %) als das Volkseinkommen (+84,5 %).

Auch sind es nicht die Bruttolöhne, die zugrunde gelegt werden müssen, sondern es ist eigentlich das Arbeitnehmerentgelt. Doch ist dieser Gesichtspunkt weniger wichtig, da sich beide Größen oft, allerdings nicht immer, parallel bewegen.

Legt man trotz dieser statistisch-methodischen Mängel die Lohnformel zugrunde, dann wäre von 1991 bis 2016 der Verteilungsspielraum nur zu 78,6 % ausgeschöpft worden (Tabelle 11).

76 VIII. Ausblick: Zur Ausschöpfung des Verteilungsspielraums

Tabelle 11: Ausschöpfung des Verteilungsspielraums nach Lohnformel im Zeitraum 1991 bis 2016 (Nominalwerte)

Jahr	Arbeitsproduktivität[1] je Erwerbstätigenstunde		Verbraucherpreise	Verteilungsspielraum nach Lohnformel[2]		Bruttolöhne u.-gehälter je Arbeitnehmerstunde		Ausschöpfung jährliche Abweichung (–) nicht ausgeschöpft (+) übertroffen	
	real Veränd. in %		Veränd. in %	nominal	1991 =100	nominal	1991 =100	in %-Punkten	kumuliert
1991					100		100		
1992	2,5		5,1	7,6	107,6	9,5	109,5	1,9	1,9
1993	1,9		4,5	6,4	114,5	6,2	116,4	-0,2	1,7
1994	2,7		2,6	5,3	120,6	2,4	119,2	-2,9	-1,2
1995	1,9		1,8	3,7	125,0	3,9	123,8	0,2	-1,0
1996	2,0		1,4	3,4	129,3	2,5	126,9	-0,9	-1,9
1997	2,6		2,0	4,6	135,2	1,0	128,2	-3,6	-5,5
1998	1,2		1,0	2,2	138,2	1,5	130,0	-0,7	-6,2
1999	1,4		0,6	2,0	140,9	2,5	133,2	0,5	-5,7
2000	2,5		1,4	3,9	146,4	2,9	137,1	-1,0	-6,7
2001	2,7		2,0	4,7	153,3	2,8	140,9	-1,9	-8,6
2002	1,2		1,4	2,6	157,3	2,0	143,6	-0,6	-9,2
2003	0,8		1,1	1,9	160,3	1,7	146,0	-0,2	-9,4
2004	1,0		1,6	2,6	164,5	0,8	147,2	-1,8	-11,2
2005	1,5		1,6	3,1	169,6	1,1	148,8	-2,0	-13,2
2006	1,9		1,5	3,4	175,3	– 0,7	147,7	-4,1	-17,3
2007	1,5		2,3	3,8	182,0	1,2	149,4	-2,6	-19,9
2008	0,2		2,6	2,8	187,1	2,9	153,8	0,1	-19,8
2009	– 2,6		0,3	-2,3	182,8	3,8	159,7	6,1	-13,7
2010	2,5		1,1	3,6	189,4	0,9	161,2	-2,7	-16,4
2011	2,1		2,1	4,2	197,3	3,0	165,9	-1,2	-17,6
2012	0,6		2,0	2,6	202,5	3,9	172,3	1,3	16,3
2013	0,8		1,5	2,3	207,1	2,8	177,1	0,5	-15,8
2014	0,8		0,9	1,7	210,6	2,2	181,0	0,5	-15,3
2015	0,7		0,3	1,0	212,7	2,6	185,7	1,6	-12,9
2016	1,3		0,5	1,8	216,6	3,2	191,6	1,4	-11,5
2016/1991[3]				3,1		2,6		-0,5	
Ausschöpfungsquote[4] 2016/1991 78,6 % 2010/2000 60,6 %									

[1] Reales Bruttoinlandsprodukt je Erwerbstätigenstunde
[2] Deflationiert mit dem Verbraucherpreisindex
[3] Durchschnittliche jährliche Veränderung; geometrisches Mittel
[4] Die Ausschöpfung errechnet sich aus dem Verhältnis der Veränderungsraten mal 100, z.B. 2016/1991: 25,2 %/42,4 % = 0,594; oder 2010/2000: 0,8 %/11,2 % = 0,071 = 7,1 %.
Durch Weiterrechnen mit nichtgerundeten Zahlen sind Abweichungen in den Nachkomma-Stellen möglich.

Quelle: Eigene Berechnungen nach Angaben des Statistischen Bundesamtes.

VIII. Ausblick: Zur Ausschöpfung des Verteilungsspielraums

Die richtige verteilungsneutrale Formel, die ausgerichtet ist an der Entwicklung des Volkseinkommens je Erwerbstätigenstunde, und die übliche Lohnformel führen nur dann zum selben Ergebnis wenn gilt, dass die Entwicklungen

➢ von nominalem Bruttoinlandsprodukt und Volkseinkommen,

➢ Verbraucherpreisen und Preisen des Bruttoinlandsproduktes

➢ Arbeitnehmerentgelt und Bruttolohn- und -gehaltssumme

gleich verlaufen. Dies war in den Jahren 1991 bis 2016 nicht der Fall und wird es auch in Zukunft nicht sein.

Die geringe Tauglichkeit der Lohnformel als Messlatte für Verteilungsneutralität über einen langen Zeitraum, speziell für den Zeitraum von 1991 bis 2016, wird im Anhang B in Tabelle B.1 und im zugehörigen Text demonstriert. Wären das Arbeitnehmerentgelt je Arbeitnehmerstunde nach dem angeblich verteilungsneutralen Pfad der Lohnformel um 116% (siehe Tabelle 11) erhöht worden und – ceteris paribus, was sehr problematisch ist – voll zu Lasten der Kapitaleinkommen gegangen, dann wären die Arbeitseinkommen um 112,3% angestiegen und die Kapitaleinkommen um 0,7% gesunken, – ein sicherlich nicht verteilungsneutrales Ergebnis. Selbst wenn man den sog. kalkulatorischen Unternehmerlohn der Selbstständigen und Unternehmer nicht als Arbeitseinkommen rechnet, sondern ihn in den Einkommen aus Unternehmertätigkeit und Vermögen belassen würde, was wissenschaftlich unüblich ist, hätte sich eine deutliche Schieflage im Wachstum von Arbeitnehmerentgelt (+110,4%) und Einkommen aus Unternehmertätigkeit und Vermögen (+44,8%) ergeben (ebenfalls Tabelle B.1).

Prof. Thomas Haipeter hält die Lohnformel sogar für kostenneutral:

„Ab 2012 wurde damit auch der kostenneutrale Verteilungsspielraum, der sich aus dem Wachstum von Inflationsrate und Produktivität zusammensetzt, erstmals wieder für einen längeren Zeitraum ausgeschöpft."[48]

Mit dieser Behauptung liegt er völlig daneben. Der kostenneutrale Verteilungsspielraum wird nämlich allein durch die Produktivität gebildet, also ohne Inflationsrate. Eine kostenneutrale Ausschöpfung liegt vor, wenn sich nominale Löhne und Produktivität im Gleichschritt bewegen; in diesem Fall bleiben die Lohnstückkosten konstant. Eine solche Orientierung allein an der Produktivität hat der Sachverständigenrat dreißig Jahre lang (bis 1994) „angeraten". Er war jedoch realistisch genug, einen Inflationszuschlag für als unvermeidbar angesehene Preissteigerungen (z.B. bereits bestehender Preisüberhang[49], Importverteuerungen, drohende Umsatzsteuererhöhungen, fehlendes Vertrauen in die Geldwertstabilität) zuzubilligen. Die Höhe eines solchen Inflationszuschlags hat der Sachverständigenrat jedoch nie beziffert.

Die funktionale Einkommensneutralität ist jedoch nur eine, wenn auch oft nützliche und manchmal einzig mögliche, gesamtwirtschaftliche Orientierungsgröße für die Beurteilung einer angemessenen Lohnentwicklung. Sie hat jedoch Schwächen:

➢ Es gibt keine rein ökonomisch überzeugende Begründung für einen Gleichschritt von Arbeitseinkommen und Kapital-

---

[48] Thomas Haipeter, Lohnfindung und Lohnungleichheit (http://www.iaq.uni-due.de/iaq-report/2017/report2017-01.pdf).

[49] Zur Ermittlung eines Preisüberhangs siehe ausführlich H. Görgens, Sind die Löhne ..., S. 411 ff.

VIII. Ausblick: Zur Ausschöpfung des Verteilungsspielraums

einkommen. In manchen wirtschaftlichen Situationen sollten Löhne schneller expandieren als Kapitaleinkommen und umgekehrt.

➢ Es ist nicht überzeugend dargelegt, warum bei entsprechenden Rahmenbedingungen die Löhne nicht tendenziell oder zumindest mittelfristig stärker wachsen sollten als die Kapitaleinkommen.

➢ Die Wahl des Basisjahres spielt für die Berechnung des Ausschöpfungsgrades eine wichtige, oft willkürliche Rolle.

➢ Es wird nichts über die interpersonelle Einkommensverteilung ausgesagt, denn auch den Arbeitnehmern fließt ein nicht unbeträchtlicher Teil an Kapitaleinkommen in Form von Mieten, Zinsen, Dividenden u.ä. zu.

Der Verfasser hat deshalb an anderen Stellen weitere Möglichkeiten zur Beurteilung der Lohnentwicklung untersucht:

➢ Das Verhältnis der Entwicklung von Löhnen und bereinigten Unternehmensgewinnen.[50]

➢ Die Entwicklung der Kapitalrendite.[51]

➢ Die beschäftigungsbereinigte Grenzproduktivität der Arbeit[52], mit der der Sachverständigenrat zur Begutachtung der wirtschaftlichen Entwicklung insgesamt fünfzehn Jahre

---

[50] H. Görgens, Sind die Löhne ..., S. 291 ff. und ders., Zur Ausschöpfung ..., S. 65 ff.

[51] H. Görgens, Sind die Löhne ..., S. 299 ff. und ders., Zur Ausschöpfung ..., S. 75 f.

[52] H. Görgens, Zur Ausschöpfung ..., S. 77 ff. Die dort in Tabelle 11 für die Jahre 2001 bis 2003 aufgeführten Ergebnisse waren in den Gutachten nicht enthalten. Sie wurden offenbar später nach dem neuen Berechnungsverfahren erstellt und veröffentlicht, z.B. im Jahresgutachten 2013/14, S. 497.

lang messerscharf bis auf die Kommastelle vorrechnete, welche Wachstumsrate der Löhne die wirtschaftlich richtige gewesen wäre. Der Verfasser hat an der neoklassischen Modellkonstruktion und anderen Punkten detaillierte Kritik[53] geübt, die dazu geführt hat, dass der Sachverständigenrat seine Berechnungen ab 2001 drei Jahre lang einstellte[54], bevor sie mit einer modifizierten Formel wieder auftauchte. Diese Formel ist meines Erachtens aber im Kern immer noch falsch. Erst 2013 stellte der Rat seine Berechnung kommentarlos ein. Möglicherweise wird er sie nur solange hintanhalten, wie die Beschäftigung zunimmt. Denn bei Beschäftigungsrückgängen wirft das Modell eine sog. „Entlassungsproduktivität"[55] aus, die vom Verteilungsspielraum abgezogen wird. Bei Beschäftigungszunahme wie in den letzten Jahren hingegen, schlägt das Modell ins Gegenteil um, dann wird eine „Einstellungsproduktivität" den Verteilungsspielraum vergrößern. Das ist wohl nicht im Sinne des Sachverständigenrats.

Alle diese verschiedenen Verteilungsmaßstäbe weisen darauf hin, dass die gewerkschaftliche Lohnpolitik erfolgreich war und sich ihre Ergebnisse in Hinblick auf das mäßige Wirtschaftswachstum sehen lassen können.

---

[53] H. Görgens, Berechnet der Sachverständigenrat die Grenzproduktivität der Arbeit falsch?, in: Wirtschaftsdienst, Zeitschrift für Wirtschaftspolitik, 5/1999, S. 321 ff.

[54] Dies erfuhr der Verfasser vom seinem Studienfreund, dem damaligen, langjährigen Mitglied des Sachverständigenrates, Prof. Horst Siebert, der sich mit dem Verfasser in den beiden letzten Semestern zur gemeinsamen Examensvorbereitung zusammengeschlossen hatte.

[55] Zur ausführlichen Kritik an der sog. Entlassungsproduktivität siehe H. Görgens, Sind die Löhne ..., S. 145 ff.

IX. Kurzfassung

Vielfach wurde in wissenschaftlichen Publikationen, von der Bundesregierung und in den Medien berichtet, die Reallöhne hätten von 1991 bis 2010 oder später nicht zugenommen und die realen unteren Bruttolöhne seien in 2015 zum Teil erheblich niedriger gewesen als im Jahr 1995. Derartige Aussagen haben den Mythos einer jahrzehntelangen Reallohnstagnation heraufbeschworen. Sie blieben bis heute unwidersprochen. Falls sie stimmten, wären sie ein schlimmes Zeugnis für die gewerkschaftliche Lohnpolitik.

Sie sind jedoch falsch, da sie vor allem auf einem verhängnisvollen statistisch-methodischen Fehler und einer Fehlinterpretation von Daten beruhen. Es werden nämlich Zeitreihen gebildet aus Größen, deren Zusammensetzung sich im Zeitablauf ändert – es wird damit gegen ein ehernes Gesetz der Zeitreihenbildung verstoßen.

Die kontinuierlich sehr stark angewachsene Zahl von Teilzeitbeschäftigten und Minijobbern drückte den Lohn pro Kopf **aller** Beschäftigten (Durchschnittslohn), wie er in den Volkswirtschaftlichen Gesamtrechnungen (VGR) ausgewiesen wird, ganz erheblich nach unten, da die Teilzeitbeschäftigten im Durchschnitt wegen ihrer kürzeren Arbeitszeit und den oft niedrigen Stundenlöhnen nur ein Drittel der Verdienste der

Vollzeitbeschäftigten erzielten. In einer Modellrechnung (s. Tab. 3, S. 26) wird für das Basisjahr die Teilzeitquote des Jahres 1991 (17,9%) und für das Endjahr die des Jahres 2007 (35,1%) angelegt und ein **Anstieg der Löhne aller** Beschäftigten **um 15%** unterstellt. Trotzdem **sinkt** der **Durchschnittslohn um 0,9%**. Aus der Veränderungsrate des Durchschnittslohns lässt sich also nicht auf die Entwicklung der Löhne schließen. Und genau diese Falle schnappte bei Marcel Fratzscher („Reallöhne heute niedriger als 1990"), Sahra Wagenknecht („20 Jahre ohne den geringsten Wohlstandseffekt für die Beschäftigten") und anderen zu. In eigenen Kapiteln wird auf die beiden Autoren näher eingegangen, zumal in ihren Darstellungen noch andere gravierende Fehler auftreten. Fatalerweise wird ihr Irrtum durch den sog. Reallohnindex des Statistischen Bundesamtes befeuert, der erst ab dem Jahr 2007 ein richtiger Index ist. Für alle Jahre vor 2007 segelten die unechten Durchschnittslöhne der VGR unter falschen Namen im „Reallohnindex" mit. Erst als der Verfasser das Statistische Bundesamt auf diese Quelle von Missverständnissen durch Beispiele und durch Hinweis auf die statisch-methodische Unvergleichbarkeit mit echten Indexwerten aufmerksam gemacht hatte, werden die Jahre vor 2007 seit 2016 nicht mehr im Reallohnindex aufgeführt.

Um den nach unten drückenden Teilzeiteffekt auszuschalten, hat der Verfasser ein Bereinigungsverfahren entwickelt, das vom Statistischen Bundesamt nach der Bitte um Überprüfung als „Beitrag zu einem besseren Verständnis der Lohnentwicklung im Zeitablauf" beurteilt wurde. Mit diesem Verfahren wurde bei den Durchschnittslöhnen der VGR der Jahre 1990 bis 2007 der verzerrende Teilzeiteffekt ausgeschaltet und für die Jahre ab 2007 der richtige Reallohnindex verwendet. Danach ergab sich ein realer Zuwachs der effektiven Reallöhne (Realverdienste) von 1990 bis 2015 von 23%. Dieses Ergebnis stimmt weitgehend mit dem preisbereinigten Verdienste-Tariflohnindex der Bundesbank (27,8%) überein, wobei offenbar wegen zunehmender Tarifflucht die Tariferhöhungen nicht immer voll in effektive Lohnerhöhungen umgesetzt werden konnten. Nach Bereinigung steht Wagenknechts „ohne jeden Wohlstandseffekt für die Jahre 1986 bis 2006" ein realer Zuwachs bei den Nettoverdiensten von 20,2% und bei den Bruttolöhnen von 27,0% gegenüber.

Nach Ausschaltung des Teilzeiteffektes stellt sich die Erhöhung der effektiven realen Stundenlöhne von 1990 bis 2015 auf 29,6%. Die realen tariflichen Stundenlöhne haben nach dem Bundesbankindex mit 31,9% erwartungsgemäß etwas stärker und die unbereinigten realen Stundenlöhne nach der VGR mit 24,2% schwächer zugenommen.

Diese Ergebnisse sind meilenweit entfernt von dem Ergebnis einer DIW-Studie, die auf der Grundlage des SOEP für den Zeitraum 1995 bis 2015 nur auf einen Zuwachs von 2% bei den Stundenlöhnen kommt. Demgegenüber errechnet sich aus den VGR ein realer Zuwachs von 12,8%, der sich nach Teilzeitbereinigung auf 15,3% stellt. Die Autoren begründen die Abweichung damit, dass die VGR die Wochenendarbeit nicht ins Arbeitsvolumen einbeziehe. Diese Begründung wurde in Abstimmung mit dem IAB widerlegt. Somit existieren bei der Stundenlohnentwicklung zwei statistische Parallelwelten, die des SOEP und die der VGR, und keinen hat dies bisher gestört.

Die DIW-Autoren, und zuvor ein Team des Instituts für Arbeit und Qualifikation (IAQ), haben auf der Grundlage der SOEP-Zahlen die Stundenlöhne auch nach Lohnhöhe untersucht. Die Stundenlöhne wurden je nach Höhe in Dezile bzw. in Quintile eingeteilt und es wurden Mediane ermittelt, deren Entwicklung die Autoren für die Entwicklung der Löhne nach Lohnstufen hielten (z.B. „Je höher der Verdienst, desto besser war die Lohnentwicklung."). Das ist allerdings statistisch-methodisch falsch, denn im Zeitablauf änderte sich die Zusammensetzung der Dezile. Sie erhielten eine durch den Vormarsch der Teilzeitbeschäftigten und der Beschäftigten in den Niedriglohnsektoren veränderte Arbeitnehmerstruktur, die den Medianwert, insbesondere den der unteren Dezile, nach unten drückt, selbst wenn die Arbeitnehmerlöhne in diesem Zeitraum sogar angestiegen sind. Hier spielt sich auf Dezil- bzw. Quintilebene genau derselbe Teilzeit-Verzerrungsprozess ab, der in der Modellrechnung dargestellt wurde. Deshalb lassen sich aus der Entwicklung der Mediane (oder Dezildurchschnitte) keine Schlüsse auf die Entwicklung der Lohnhöhe nach Lohnstufen ziehen. So ist z.B. das vom Bundeswirtschaftsministerium übernommene und weit verbreitete Ergebnis, im Jahr 2015 seien die realen Bruttolöhne der unteren 40% zum Teil erheblich niedriger gewesen als 1995, schlichtweg falsch.

Als weit verfehlt erweist sich auch Wagenknechts Behauptung, im unteren Bereich würden heute Reallöhne gezahlt wie allenfalls in den ersten Trümmerjahren. Auf heutiges Preisniveau hochgerechnet wird die tatsächliche Lohnarmut in den damaligen Jahren anhand mehrerer Statistiken aufgezeigt und die heute kaum mehr vorstellbaren Lebensumstände und äußerst bescheidenen Verbrauchsgewohnheiten geschildert, die es ermöglichten, mit so geringen Löhnen zu leben.

Schließlich wird noch der Frage nachgegangen, inwieweit die tatsächlichen, durchaus ansehnlichen Reallohnsteigerungen den Verteilungsspielraum ausgeschöpft haben. Nach der richtigen Formel für eine verteilungsneutrale Entwicklung von Arbeits- und Kapitaleinkommen, nämlich nach der Zielgröße Volkseinkommen je Erwerbstätigenstunde, wurde der Verteilungsspielraum weitgehend ausgeschöpft. Auch in dieser Hinsicht kann sich also die gewerkschaftliche Lohnpolitik trotz des mäßigen Wirtschaftswachstums sehen lassen.

Anhang

A. Kurzdarstellung[56] des Berechnungsverfahrens zur Teilzeitbereinigung

Ermöglicht wurde dieses Berechnungsverfahren erst durch die neue Statistik „Arbeitnehmerverdienste" des Statistischen Bundesamts ab 2007. Denn anhand einer großen Stichprobe mit einem Umfang von 40.500 Unternehmen wurden ab 2007 erstmals die Verdienste, Arbeitszeiten und Stundenlöhne der Vollzeitbeschäftigten und der echten Teilzeitbeschäftigten sowie die Wochenverdienste der Beschäftigten mit geringfügiger Arbeitszeit ermittelt, aus denen sich das Verhältnis der Stundenlohnhöhe aller Teilzeitbeschäftigten zur Stunden-

---

[56] Zur ausführlichen Darstellung siehe H. Görgens, Lohnentwicklung wegen ..., S. 8ff.

lohnhöhe der Vollzeitbeschäftigten ermitteln bzw. teilweise schätzen lässt. Allerdings sind kleinere Schätzfehler[57] möglich.

Diese Relation von Stundenlohnhöhe der Teilzeitbeschäftigten zu der der Vollzeitbeschäftigten war von 2007 bis 2015 fast stabil. Sie wurde dann für die einzelnen Jahre 1991 bis 2007 in der Formel für den Stundenlohn pro Kopf aller Beschäftigten (StL_G) verwendet, dessen Höhe aus der Volkswirtschaftlichen Gesamtrechnung bekannt war.

$$StL_G = \frac{Z_{VZ} \times WAZ_{VZ} \times StL_{VZ} + Z_{TZ} \times WAZ_{TZ} \times StL_{TZ}}{Z_{VZ} \times WAZ_{VZ} + Z_{TZ} \times WAZ_{TZ}}$$

Hierbei bedeutet Z = Zahl, WAZ = Wochenarbeitszeit, StL = Stundenlohn und die tiefer gestellten Zeichen VZ, TZ und G = Vollzeitbeschäftigte, Teilzeitbeschäftigte und Gesamtheit der Beschäftigten.

Die Formel ist aufgespalten in die tatsächliche Zahl und die tatsächliche Wochenarbeit der Vollzeit- und der Teilzeitbeschäftigten nach den Angaben des IAB und in die zunächst zwei Unbekannten, nämlich die Höhe der Stundenlöhne der Vollzeitbeschäftigten und die Höhe der Stundenlöhne der Teilzeitbeschäftigten. Mittels der zuvor errechneten Relation konnte eine Unbekannte durch die andere ersetzt werden. Dann verblieb nur noch **eine** Unbekannte (entweder der Stundenlohn der Vollzeit- oder der Stundenlohn der Teilzeitbeschäftigten), nach der die Formel aufgelöst wurde. Hat man

---

[57] Sie betreffen die Höhe der Stundenlöhne der geringfügig Beschäftigten, weil nur deren Verdienstsumme bekannt ist, und die Übertragung der Konstanz der in den Jahren von 2007 bis 2015 fast stabilen Relation der Stundenlohnhöhe zwischen Teilzeit- und Vollzeitbeschäftigten auf die Jahre vor 2007. Kontrollrechnungen ergaben, dass Variationen dieser Schätzannahme zu keiner wesentlichen Veränderung des Gesamtergebnisses führen.

dann z.B. den Stundenlohn der Vollzeitbeschäftigten errechnet, lässt sich mit Hilfe der Relation auch der Stundenlohn der Teilzeitbeschäftigten bestimmen.

Mit den so ermittelten Stundenlöhnen der Vollzeit- und Teilzeitbeschäftigten lassen sich dann, multipliziert mit der nach IAB bekannten jeweiligen Anzahl der Beschäftigten und ihrer jeweiligen Arbeitszeit[58], die Verdienste der Vollzeitbeschäftigten und der Teilzeitbeschäftigten getrennt berechnen. Derselbe Rechenprozess wird für das folgende Jahr vollzogen. Dann wird die Veränderungsrate der Verdienste errechnet, getrennt nach Vollzeitbeschäftigten und Teilzeitbeschäftigten. Gewichtet man diese beiden Wachstumsraten mit der Vollzeit- und Teilzeitquote des jeweiligen Vorjahres (Laspeyres-Kette), erhält man die teilzeitbereinigte gesamtwirtschaftliche Veränderungsrate der Realverdienste.

---

[58] Dabei spielt es mathematisch keine Rolle, ob man die Wochenarbeitszeit, die Monatsarbeitszeit (WAZ x 4,35) oder die Jahresarbeitszeit (WAZ x 4,35 x 12) nimmt. Diese Faktoren kürzen sich heraus.

B. Berechnung des funktionalen Verteilungsspielraums

Die einfache Gegenüberstellung von Arbeitnehmerentgelt und Einkommen aus Unternehmertätigkeit und Vermögen wie in Abb. 6 bei Fratzscher[59] berücksichtigt nicht:

➤ dass die meisten Freiberuflichen und viele Selbstständige überwiegend Arbeitseinkommen beziehen. So werden z.B. Architekten, Physiotherapeuten, Steuerberater, Kleingewerbetreibende, Versicherungsagenten u.v.a. ihre Einkünfte als Arbeitseinkommen und nicht als Kapitaleinkommen bezeichnen, selbst wenn sie Geschäftsräume mieten und einrichten mussten.

➤ dass die Arbeitsvolumina, das sind die Jahresarbeitsstunden, von Arbeitnehmern und Selbstständigen unterschiedlich verlaufen können. So verringerte sich von 1990 bis 2015 das Arbeitsvolumen der Arbeitnehmer trotz erheblicher Zunahme (9,6%) der Zahl der Beschäftigten wegen gestiegenen Teilzeitanteils um 3%, während sich das Arbeitsvolumen der Selbstständigen um 4% ausdehnte. Ceteris paribus führt dies zu einem besseren Verlauf der

---

[59] M. Fratzscher, Verteilungskampf ..., S. 53.

Einkommen aus Unternehmertätigkeit und Vermögen als des Arbeitnehmerentgelts.

Um diese Mängel auszuschalten, wird üblicherweise zunächst das Arbeitseinkommen **aller** Erwerbstätigen (Arbeitnehmer plus Selbstständige) ermittelt, indem dem Arbeitnehmerentgelt das Arbeitseinkommen der Selbstständigen, ein sogenannter kalkulatorischer Unternehmerlohn, hinzugefügt wird. Zur Berechnung dieses sog. kalkulatorischen Unternehmerlohns wird **für jede Selbstständigenstunde** ein **Arbeitseinkommen in Höhe des Arbeitnehmerentgelts je Arbeitnehmerstunde** unterstellt. Das Arbeitseinkommen der Selbstständigen insgesamt errechnet sich aus:

$$\frac{\text{Arbeitsnehmerentgelt}}{\text{Arbeitnehmerstunden}} \times \text{Selbstständigenstunden}$$

Deswegen spielt es für die „Arbeitseinkommen" der Erwerbstätigen keine Rolle mehr, wie sich die Arbeitnehmerquote oder die Arbeitsvolumina von Arbeitnehmern und Selbstständigen entwickeln, da **alle Erwerbstätigen** (also Arbeitnehmer und Selbstständige) **mit dem gleichen Arbeitnehmerentgelt je geleisteter Stunde** in das gesamte Arbeitseinkommen einbezogen werden. Die Einkommen aus Unternehmertätigkeit und Vermögen werden dann um die Arbeitseinkommen der Selbstständigen vermindert und als Kapitaleinkommen bezeichnet. Das Kapitaleinkommen ergänzt sich mit den Arbeitseinkommen aller Erwerbstätigen wieder zum

Volkseinkommen = Arbeitseinkommen aller Erwerbstätige
+ Kapitaleinkommen

Bei Verteilungsneutralität, d.h. bei konstanter Arbeitseinkommensquote, entwickelt sich das Arbeitseinkommen aller Erwerbstätigen im Gleichschritt mit dem Volkseinkommen und damit auch mit dem Kapitaleinkommen. In diesem Falle bleibt die Arbeitseinkommensquote, das ist der Anteil der Arbeitseinkommen aller Erwerbstätigen am Volkseinkommen, konstant.

Die Arbeitseinkommensquote (q) ist also:

$$q = \frac{\text{Arbeitseinkommen}}{\text{Volkseinkommen}} \quad (1a)$$

$$q = \frac{\text{Arbeitseinkommen}}{\text{Arbeitseinkommen} + \text{Kapitaleinkommen}} \quad (1b)$$

Nach leichter Umformung ergibt sich:

$$\text{Arbeitseinkommen} = \frac{q}{1-q} \times \text{Kapitaleinkommen}$$

Bei konstanter Arbeitseinkommensquote q entwickeln sich Arbeitseinkommen und Kapitaleinkommen im Gleichschritt. Ist jedoch z.B. die Arbeitseinkommensquote zurückgegangen, dann sind die Arbeitseinkommen schlechter verlaufen als die Kapitaleinkommen.

Formen wir nun Gleichung (1a) in Richtung der bekannten Lohnformel um. Die Arbeitseinkommen der Erwerbstätigen (Arbeitnehmer und Selbstständige) werden dargestellt als:

$$\frac{\text{Arbeitnehmerentgelt}}{\text{Arbeitnehmerstunden}} \times \text{Erwerbstätigenstunden}$$

Setzt man dieses Produkt in (1a) ein, dann ergibt sich (2)

$$\frac{\frac{\text{Arbeitnehmerentgelt}}{\text{Arbeitnehmerstunden}} \times \text{Erwerbstätigenstunden}}{\text{Volkseinkommen}} \quad (2)$$

Gleichung (2) lässt sich leicht in (3) umformen:

$$\text{Arbeitseinkommensquote } (q) = \frac{\dfrac{\text{Arbeitnehmerentgelt}}{\text{Arbeitnehmerstunden}}}{\dfrac{\text{Volkseinkommen}}{\text{Erwerbstätigenstunden}}} \qquad (3)$$

Bewegen sich Volkseinkommen je Erwerbstätigenstunde und Arbeitnehmerentgelt je Arbeitnehmerstunde im Gleichschritt, dann bleibt die Arbeitseinkommensquote konstant, Arbeitseinkommen und Kapitaleinkommen entwickeln sich gleichgewichtig. Nimmt das Arbeitnehmerentgelt je Arbeitnehmerstunde weniger (mehr) zu als das Volkseinkommen je Erwerbstätigenstunde, dann sinkt (steigt) q und die Kapitaleinkommen haben sich besser (schlechter) entwickelt als die Arbeitseinkommen.

Maßstab für eine verteilungsneutrale Entwicklung von Arbeitseinkommen und Kapitaleinkommen ist somit die Wachstumsrate von Volkseinkommen je Erwerbstätigenstunde. Nimmt sie stärker (schwächer) zu als das Arbeitnehmerentgelt je Arbeitnehmerstunde, dann wird der Verteilungsspielraum nicht (mehr als voll) ausgeschöpft.

Die Lohnformel hingegen eignet sich speziell für den langen Zeitraum von 1991 bis 2016 als Maß des Verteilungsspielraumes nicht, wie bereits Tabelle 11 gezeigt hat. In Tabelle B.1 soll dies nun auch an den Ergebnissen demonstriert werden, die auftreten könnten, wenn sich die Löhne im Maße des von der Lohnformel errechneten Verteilungsspielraumes erhöht hätten

Die beiden unteren Zahlenzeilen in Tabelle B.1 zeigen das Ergebnis, wenn das Arbeitnehmerentgelt je Arbeitnehmerstunde des Jahres 1991 im Maße der nach der Lohnformel angeblich verteilungsneutralen Rate von 116,6 % angehoben wird, statt der tatsächlichen 92,3 %. Anhand der Arbeitnehmerstunden errechnet sich dann das neue, fiktive Arbeitnehmerentgelt des Jahres 2016 (1.802,5 = 110,4 %).

Nun wird unterstellt, dass das **tatsächliche Volkseinkommen des Jahres 2016 unverändert bleibt**. Dann ergibt sich das neue Einkommen aus Unternehmertätigkeit und Vermögen (535,5 = +44,8 %). Die Erhöhung des Arbeitnehmerentgelts geht also voll zu Lasten der Einkommen aus Unternehmertätigkeit und Vermögen.

Zieht man den Unternehmerlohn (Arbeitnehmerentgelt je Arbeitnehmerstunde mal Selbstständigenstunden) vom Einkommen aus Unternehmertätigkeit und Vermögen ab, so erhält man das Kapitaleinkommen, das um 0,7 % zurückgeht, während die Arbeitseinkommen um 112,3 % hochschießen. Die weite Öffnung der Schere resultiert aus dem unterschiedlichen Gewicht von Arbeitseinkommen und Kapitaleinkommen.

Schon eine kleine Veränderungsrate der Arbeitseinkommen bewirkt eine deutlich größere Veränderung der Kapitaleinkommen.

Diese Rechnung mit konstantem Volkseinkommen unterstellt, dass ein zusätzlicher Anstieg des Arbeitnehmerentgelts je Arbeitnehmerstunde um 26,3 % (1,166/0,923) keine positiven oder negativen Auswirkungen auf das Wachstum des realen Bruttoinlandsproduktes und auf die Preisentwicklung hat. Geht man von dieser problematischen Ceteris-paribus-Klausel ab, gerät das verteilungsneutrale Messsystem ins Rutschen. Messlatte und Zielpunkte verschöben sich fortlaufend. Dennoch hat unsere fiktive Modellrechnung einen Wert. Denn das Hantieren mit Unterausschöpfungsquoten legt nahe bzw. suggeriert, dass es nur einer genau errechneten Erhöhung der Löhne bedurft hätte, um Verteilungsneutralität zu erzielen. Leider sind die ökonomische Wirklichkeit und die kreislauf- und verhaltensmäßigen Zusammenhänge und Rückwirkungen, wie bei vielen ökonomischen Fragen, erheblich vielschichtiger und komplexer.

Anhang Tabelle B.1: Vollausschöpfung nach Lohnformel in Mrd. Euro

	VE	ANE	U+V	ANE je Std. in Euro	Arbeitsvolumen Inländer		Unternehmerlohn	Kapitaleinkommen[1]	Arbeitseinkommen
					Arbeitnehmer	Selbständige			
					in Mio. Stunden				
					tatsächliche Entwicklung				
1991	1.226,5	856,8	369,8	16,42	52.179	8.177	134,3	235,5	991,0
2016	2.338,0	1.600,3	737,7	31,58	50.680	8.479	267,8	469,9	1.868,1
2016/91 in v.H.	90,6	86,8	99,5	92,3	-2,9	3,7	99,4	99,5	88,5
				verteilungsneutrale Entwicklung: Volkseinkommen je Erwerbstätigenstunde: +94,5 % (Tab. 10)					
2016	2.338,0	1.618,6	719,4	31,94	50.680	8.479	270,8	448,6	1.889,4
2016/91 in v.H.	90,6	88,9	94,6	**94,5**	-2,9	3,7	101,7	**90,5**	**90,6**
				Vollausschöpfung nach Lohnformel: Arbeitsproduktivität plus Verbraucherpreise: +116,6 % (Tab. 11)					
2016	2.338,0	1.802,5	535,5	35,57	50.680	8.479	301,6	233,9	2.104,0
2016/91 in v.H.	90,6	110,4	44,8	**116,6**	-2,9	3,7	124,6	**-0,7**	**112,3**

[1] U+V minus Unternehmerlohn

Abkürzungen: VE = Volkseinkommen, ANE = Arbeitnehmerentgelt, U+V = Einkommen aus Unternehmertätigkeit und Vermögen

Quelle: Eigene Berechnungen nach Angaben der Volkswirtschaftlichen Gesamtrechnungen.

C. Auch eine richtig bereinigte Lohnquote zeigt den Verlauf der Ausschöpfung des Verteilungsspielraums

Der Verlauf der Ausschöpfung des Verteilungsspielraums lässt sich auch über die Entwicklung einer richtig bereinigten Lohnquote veranschaulichen.

Allgemein üblich, wird die tatsächliche Lohnquote mit einer konstanten Arbeitnehmerquote des Basisjahres bereinigt. Es wird so berechnet, wie sich die Lohnsumme entwickelt hätte, wenn die Arbeitnehmerquote des Basisjahres (in Tabelle C.1 das Jahr 1991) für alle Jahre gelten würde. Diese Methode ist zwar weit verbreitet, jedoch nicht ganz korrekt. Denn sie beachtet nicht, dass sich auch die Arbeitszeiten von Arbeitnehmern und Selbstständigen unterschiedlich verändern können. Diese Divergenz schlägt sich dann neben der Arbeitnehmerquote ebenfalls im Arbeitsvolumen nieder. So ist z.B. von 1991 bis 2016 die durchschnittliche Arbeitszeit je Arbeitnehmer um 2 Prozentpunkte stärker zurückgegangen als die Arbeitszeit je Selbstständigen.

Aus diesem Grund muss die tatsächliche Lohnquote mit der konstanten Arbeitsvolumensquote des Basisjahres (Anteil des Arbeitsvolumens der Arbeitnehmer am gesamten Arbeitsvolumen) bereinigt werden.

Die richtige Bereinigung wird in Gleichung (1) dargestellt. Darin bedeuten L = Lohnsumme, V = Volkseinkommen, AV = Arbeitsvolumen; hochgestellt: AN = Arbeitnehmer, E = Erwerbstätige und tiefgestellt: B = Basisjahr, t = laufende Jahre 1,2,3 ...

Nach Umformung zu Gleichung (1a) erkennt man, dass der linke Faktor identisch ist mit der Arbeitseinkommensquote in Anhang B, Gleichung (3).

$$\text{bereinigte Lohnquote} = \frac{L_t}{V_t} \times \frac{\frac{^{AN}AV_B}{^{E}AV_B}}{\frac{^{AN}AV_t}{^{E}AV_t}} \quad (1)$$

Nach Umformung:

$$\text{bereinigte Lohnquote} = \frac{\frac{L_t}{^{AN}AV_t}}{\frac{V_t}{^{E}AV_t}} \times \frac{^{AN}AV_B}{^{E}AV_B} \quad (1a)$$

$$\text{Arbeitseinkommensquote} = \frac{\frac{L_t}{^{AN}AV_t}}{\frac{V_t}{^{E}AV_t}} \quad (2)$$

(vgl. Anhang B, Gleichung (3))

$$\text{bereinigte Lohnquote} = \text{Arbeitseinkommensquote} \times \frac{^{AN}AV_B}{^{E}AV_B} \quad (1b)$$

oder

$$\text{Arbeitseinkommensquote} = \text{bereinigte Lohnquote} \times \frac{^{E}AV_B}{^{AN}AV_B} \quad (2a)$$

Anhang Tabelle C.1: Bereinigte[1] Lohnquote

	unbereinigte Lohnquote	Arbeitsvolumens-quote[2] der Arbeitnehmer	mit Arbeitsvolumen bereinigte Lohnquote
1991	69,9	86,5	69,9
1992	71,1	86,2	71,3
1993	71,6	85,6	72,4
1994	70,9	85,2	72,0
1995	70,7	84,9	72,0
1996	70,4	84,6	71,9
1997	69,6	84,2	71,4
1998	69,7	84,1	71,6
1999	70,8	84,0	72,8
2000	71,9	84,2	73,8
2001	71,0	84,3	72,8
2002	71,1	84,3	72,9
2003	70,9	84,1	72,9
2004	67,7	83,7	70,0
2005	66,6	83,2	69,2
2006	64,3	83,6	66,5
2007	63,6	83,9	65,5
2008	65,5	84,0	67,4
2009	68,4	83,6	70,8
2010	66,8	83,9	68,8
2011	66,1	84,0	68,0
2012	67,7	84,3	69,4
2013	68,0	84,8	69,3
2014	68,1	85,2	69,1
2015	68,1	85,5	68,9
2016	68,4	85,7	69,1

[1] Bei Konstanthalten des Anteils des Arbeitnehmer-Arbeitsvolumens am gesamten Arbeitsvolumen des Jahres 1991
[2] Reines Inländerkonzept, d.h. das Arbeitsvolumen der Inländer wurde ermittelt durch Multiplikation des Inlandsvolumens mit dem Verhältnis von Inländern zu im Inland Erwerbstätigen bzw. Beschäftigten.

Quelle: Eigene Berechnungen nach Angaben des Statistischen Bundesamtes.

Schaubild zur Tabelle C.1: Bereinigte[1] Lohnquote in v.H.

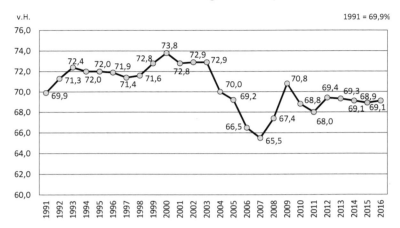

[1] Bereinigt durch Konstanthalten des Anteils des Arbeitnehmer-Arbeitsvolumens am gesamten Arbeitsvolumen des Jahres 1991.
Quelle: Eigene Berechnungen nach Angaben des Statistischen Bundesamtes.

Die richtig bereinigte Lohnquote ist also die Arbeitseinkommensquote, die der Maßstab der Verteilungsneutralität ist, multipliziert mit der Arbeitsvolumensquote des Basisjahres. Da die Arbeitsvolumensquote des Basisjahres ein konstanter Faktor ist, verändern sich Lohnquote und Arbeitseinkommensquote mit der **gleichen** Rate. Sie unterscheiden sich nur im Niveau durch die Arbeitsvolumensquote.

In Tabelle C.1 und dem zugehörigen Schaubild lässt sich im Vergleich zum Basisjahr die Unter- und Überausschöpfung gut erkennen. Hier werden die erfolgreichen (90er Jahre) und die weniger erfolgreichen (2000-2007) lohnpolitischen Jahre sichtbar.

D. Tabellen 1-4 zu Kapitel VI.2. Hungerlöhne

Anhang Tabelle D.1: Tariflöhne in 1949

	Tarif-Monatsgehälter je Beschäftigten	
	Landwirtschaft	Bauwirtschaft
in **DM** monatlich	175	531
in **Euro** monatlich	89	271
in Kaufkraft von 2013		
in **Euro** monatlich	431	1308
in Euro **je Stunde**	2,06	6,25

	Tarif-Stundenlöhne	
	Fleischerhandw.	Chemische Industrie
in **DM**	0,59	1,77
in **Euro**	0,30	0,90
in Kaufkraft von 2013	1,46	4,33

Quelle: Nach Angaben des DGB-Bundesvorstands: „Geschichte des Deutschen Gewerkschaftsbundes".

Anhang Tabelle D.2: Landarbeiter 1951 in Westfalen-Lippe Monatslohn bei freier Kost und Wohnung in Euro[1]

Knechte und Mägde	gelernter Landarbeiter	ungelernter Hilfsarbeiter	gelernte Landarbeiterin	ungelernte Hilfsarbeiterin
1951	42	34	36	31
in Kaufkraft von 2013	201	163	172	148
Stundenlohn[2] **in Euro**[1] Landarbeiter **ohne** freie Kost und Wohnung				
1951	0,50	0,44	0,31	0,28
in Kaufkraft von 2013	2,39	2,11	1,48	1,34

[1] DM umgerechnet in Euro
[2] Ohne Zulagen bei Hackfruchternte. Außerdem Zukaufsrecht auf Erzeugnisse des Betriebes, meist zu Erzeugungspreisen
Quelle: Statistisches Bundesamt, Statistisches Jahrbuch 1952, S. 442 f.

Anhang Tabelle D.3: **Brutto-Monatsgehälter** der planmäßigen **Beamten** Oktober **1951** Ortsklasse C **in Euro**[1] bei 48 Std.-Woche und 2 Wochen Jahresurlaub

ledig; Anfangsstufe

	Euro	in Kaufkraft 2013
Polizeimeister	139	665
umgerechnet auf **Gehalt je Stunde** (48 Std.-Woche)	0,67	3,21
Postschaffner	110	526
Gehalt je Stunde	0,53	2,54
Heizer, Postbote	105	502
Gehalt je Stunde	0,50	2,39

[1] DM umgerechnet in Euro
Quelle: Statistisches Bundesamt, Statistisches Jahrbuch 1952, S. 444.

Anhang Tabelle D.4: Ausgewählte Einzelpreise 1949 bei durchschnittlichem Stundenlohn von 1,16 DM

	Maßeinheit	in DM	aufzuwendende Arbeitszeit in Std.	inflationiert mit Verbraucherpreisindex für 2013 in Euro
Mischbrot	1 kg	0,46	0,4	1,13
Weizenmehl	1 kg	0,53	0,5	1,31
Vollmilch	1 l	0,36	0,3	0,89
Eier	1 Stück	0,44	0,4	1,08
Speisekartoffeln	1 kg	0,15	0,1	0,37
Schweinefleisch, Kotelett	1 kg	4,49	3,9	11,06
Salzhering	1kg	1,09	0,9	2,69
Markenbutter	1 kg	5,12	4,4	12,62
Margarine	1 kg	2,43	2,1	5,99
Erbsen	1 kg	1,05	0,9	2,59
Weißkohl	1 kg	0,25	0,2	0,62
Äpfel	1 kg	1,31	1,1	3,23
Bohnenkaffee	1 kg	26,87	23,2	66,21
Bier im Ausschank	0,2 l	0,33	0,3	0,81
billigster Tabak	50 g	1,75	1,5	4,31
Herrenstraßenanzug		116,47	100	287
einfaches Frauenkleid		32,61	28,1	80
Herrenschuhe		27,40	23,6	68
Kleiderschrank 1,20 m breit ohne Wäschefach		193,11	166	476
Haushaltskohleherd, einfachste Ausführung, Platte 80 x 50		172,39	149	425
Braunkohlebriketts	50 kg	2,55	2,3	6,28
Glühbirne 40W		1,41	1,2	3,47
Herrenfahrrad		161,51	143	398

Quelle: Statistisches Bundesamt, Statistisches Jahrbuch 1952, S. 406 ff., und Verbraucherpreisindex, lange Reihen ab 1948.

Literatur

Brenke, Karl und Alexander S. Kritikos, Niedrige Stundenverdienste hinken bei der Lohnentwicklung nicht mehr hinterher, DIW-Wochenbericht Nr. 21, 2017

Bosch, Gerhard, Thorsten Kalina und Claudia Weinkopf, 25 Jahre nach dem Mauerfall, Institut für Arbeit und Qualifikation, IAQ-Report Nr. 5/2014

Bundesregierung, 5. Armuts- und Reichtumsbericht 2017

Bundesministerium für Wirtschaft, Fakten- und Argumentationsblatt 2017

Deutsche Bundesbank, Monatsberichte, Statistischer Teil, XI, Tariflohnindex

DIW SOEP 419, SOEP-Core-2015 Personenfragebogen

Fratzscher, Marcel, Verteilungskampf, München 2016

Görgens, Hartmut, Lohnentwicklung wegen angestiegener Teilzeitquote erheblich besser, als Durchschnittswerte der Volkswirtschaftlichen Gesamtrechnung aussagen, Institut für Makroökonomie und Konjunkturforschung, Study Nr. 33, September 2013 (https://www.econstor.eu/handle/10419/106248)

Ders., Zur Ausschöpfung des Verteilungsspielraums – Lohnformel und Verteilungsneutralität, 2. Auflage, Metropolis-Verlag, Marburg 2017 (die 2. Auflage liegt nur als Ebook vor: http://www.metropolis-verlag.de/Zur-Ausschoepfung-des-Verteilungsspielraums/1059/book.do? pdf=1)

Ders., Sind die Löhne in Deutschland zu hoch?, 2. Aufl., Metropolis-Verlag, Marburg 2008

Ders., Berechnet der Sachverständigenrat die Grenzproduktivität der Arbeit falsch?, in: Wirtschaftsdienst, Zeitschrift für Wirtschaftspolitik, 5/1999

Haipeter, Thomas, Lohnfindung und Lohnungleichheit in Deutschland, in: Institut Arbeit und Qualifikation, IAQ-Report Nr. 1/2017

Institut für Arbeitsmarkt- und Berufsforschung (IAB), Arbeitsmarktdaten, durchschnittliche Arbeitszeit und ihre Komponenten

Kritikos, Alexander, Seit 2010 legen die unteren und die oberen Dezile bei den Löhnen mehr zu, DIW Wochenbericht Nr. 21, 2017

Statistisches Bundesamt, Volkswirtschaftliche Gesamtrechnungen, detaillierte Jahresergebnisse, Fachserie 18, Reihe 1.4, und Lange Reihen ab 1970, Fachserie 18, Reihe 1.5

Ders., Verbraucherpreisindex, Fachserie 17. Reihe 7

Ders., Verdienste und Arbeitskosten, Reallohnindex und Nominallohnindex

Wagenknecht, Sahra, Freiheit statt Kapitalismus, 1. Aufl. 2011 und 2. Auflage 2012

Wanger, S., R. Weigand, und I. Zapf, Measuring hours worked in Germany – Contents, data and methodological essentials of the IAB working time measurement concept. Journal for Labour Market Research, 49(3), 2016, S. 213-238

Dies., Revision der IAB-Arbeitszeitrechnung 2014: Grundlagen, methodische Weiterentwicklungen sowie ausgewählte Ergebnisse im Rahmen der Revision der Volkswirtschaftlichen Gesamtrechnungen (9/2014), IAB-Forschungsbericht.